GAROTA, PARE DE MENTIR PRA VOCÊ MESMA

RACHEL HOLLIS

GAROTA, PARE DE MENTIR PRA VOCÊ MESMA

SEXTANTE

Título original: *Girl, wash your face*

Publicado mediante acordo com Thomas Nelson, uma divisão da Harper Collins Christian Publishing, Inc.

tradução: Débora Chaves
preparo de originais: Raquel Zampil
revisão: Hermínia Totti e Rebeca Bolite
diagramação: Valéria Teixeira
capa: Natali Nabekura
imagem de capa: 123ducu/ iStockphoto
impressão e acabamento: Bartira Gráfica

CIP-BRASIL. CATALOGAÇÃO NA PUBLICAÇÃO
SINDICATO NACIONAL DOS EDITORES DE LIVROS, RJ

H686g Hollis, Rachel
Garota, pare de mentir pra você mesma/ Rachel Hollis; tradução de Débora Chaves. Rio de Janeiro: Sextante, 2019.
240 p.; 14 x 21 cm.

Tradução de: Girl, wash your face
ISBN 978-85-431-0738-7

1. Autoconsciência. 2. Autorrealização (Psicologia) em mulheres. 3. Mulheres – Conduta. I. Título.

CDD: 158.1
19-56108 CDU: 159.923.2

GMT Editores Ltda.
Rua Voluntários da Pátria, 45 – Gr. 1.404 – Botafogo
22270-000 – Rio de Janeiro – RJ
Tel.: (21) 2538-4100 – Fax: (21) 2286-9244
E-mail: atendimento@sextante.com.br
www.sextante.com.br

Para Jen, que abalou minha visão de mundo três vezes: uma com o livro *Interrupted*, outra com uma viagem à Etiópia e, por fim, ao ensinar a todas nós que uma verdadeira líder fala a verdade, ainda que isso a prejudique.

SUMÁRIO

INTRODUÇÃO

Ei, garota!

Esta é a apresentação do livro, a parte em que confesso todas as minhas expectativas em relação à sua leitura. Este é o momento em que descrevo minhas intenções e – se você já estiver pronta para ler – é aí que revelo um pouco mais sobre o que virá. Também é um texto importante para quem está na livraria tentando decidir se deve comprar este livro ou algo como *A mágica da arrumação*, e as palavras que está lendo agora vão ajudar a decidir. Bem, parece muita expectativa para uma mera apresentação, mas aqui vamos nós.

Este livro é sobre um monte de mentiras nocivas e uma verdade importante.

A verdade? Você, somente você, é responsável por quem se tornará e pelo quanto é feliz. Essa é a lição.

Não me entenda mal. Vou contar centenas de histórias engraçadas, estranhas, constrangedoras, tristes ou malucas, mas cada uma delas busca esta mesma verdade importante e digna de ser publicada no Pinterest: sua vida é responsabilidade *sua*.

No entanto, essa verdade nunca será plausível se você não entender primeiro as mentiras que estão no seu caminho. É muito importante compreender que você escolhe sua própria felicidade e que tem controle sobre sua vida. Essa é uma daquelas frases que colocamos no quadro de avisos como um lembrete... mas não é a única coisa que você precisa entender.

É preciso também identificar – e destruir sistematicamente – cada mentira que contou a si mesma a vida inteira.

Por quê?

Porque é impossível ir a um lugar novo, ou tornar-se algo diferente, sem primeiro identificar onde você está. Quando você analisa o que aprendeu a acreditar sobre si mesma, adquire uma autoconsciência de valor inestimável.

Você já acreditou que não era boa o suficiente? Que não era magra o suficiente? Que não era digna de ser amada? Que era péssima mãe? Já achou que merecia ser maltratada? Que nunca chegaria a lugar nenhum?

Tudo mentira.

Essas são mentiras perpetuadas pela sociedade, pelos meios de comunicação, pela família ou, para ser franca – e aqui entra minha formação religiosa –, pelo próprio diabo. Essas mentiras são perigosas e devastadoras para nossa autoestima e para nossa capacidade de ação. O mais assustador é que raramente ouvimos essas mentiras que inventamos sobre nós mesmas porque elas ecoam em nossos ouvidos tão alto e por tanto tempo que se tornam uma espécie de ruído branco. Somos bombardeadas diariamente por uma narrativa de ódio e nem a percebemos. Reconhecer as mentiras que passamos a aceitar sobre quem somos é o segredo para criarmos uma versão melhor de nós mesmas. Se formos capazes de identificar a principal razão de nossas dificuldades, e ao mesmo tempo entender que temos condições de superá-las, poderemos mudar totalmente nossa trajetória.

É por isso que faço o que faço. É por isso que administro um site e ensino a fazer arranjos para mesa, a ser uma mãe carinhosa e a fortalecer o casamento. É por isso que pesquisei 30 maneiras diferentes de limpar a máquina de lavar louça antes de ensinar o passo a passo à minha comunidade. É por isso que sei a proporção exata de vinagre balsâmico e suco de limão para deixar a carne de panela com um sabor maravilhoso. Eu falo sobre uma série de assuntos em minha plataforma on-line, mas, no fim, tudo se resume a uma coisa: fazer bem tudo aquilo que faz parte da minha vida. As postagens mostram como estou me aprimorando e aprendendo, e minha intenção é que motivem e ajudem outras mulheres a se desenvolverem também. Imagino que, se eu me interessasse por tricô, macramê ou fotografia, teria usado essas atividades para tentar me aprimorar e incentivar minhas amigas, mas essas coisas não me interessam. Tenho mais interesse em atividades ligadas ao estilo de vida, então me dedico à criação de conteúdo que se encaixe nesse universo.

No início da minha carreira, percebi que muitas mulheres viam imagens de estilo de vida postadas na internet como o que elas *deviam* aspirar a ser. Muitas dessas imagens são irreais, então decidi ser honesta desde o início. Prometi ser autêntica e sincera, e, para cada foto de cupcake maravilhosamente decorado que produzíamos, eu compartilhava minha foto com paralisia facial. Se eu fosse a algum lugar sofisticado como a entrega do Oscar, equilibrava isso com postagens sobre meu esforço para emagrecer e minhas fotos com 20 quilos a mais. Falei sobre tudo isto: problemas no casamento, depressão pós-parto e sentimentos como ciúme, medo, raiva, feiura, inadequação e desamor. Tentei ao máximo ser verdadeira sobre quem eu sou e sobre minhas origens. A postagem mais comentada que já tive foi a foto das estrias em minha barriga murcha. Ainda assim...

Ainda assim, recebo mensagens. Mulheres de todo o mundo que enfrentam dificuldades ainda me enviam e-mails perguntando como consigo não deixar a vida desmoronar. Dá para *sentir* o sofrimento delas nesses e-mails. Dá para perceber a vergonha nas palavras que usam para descrever suas dificuldades, e isso me dói.

Então respondo a suas mensagens. Digo a cada uma o quanto são bonitas e fortes. Chamo-as de *guerreiras, lutadoras, corajosas*. Incentivo-as a não desistir. É o que parece apropriado dizer a um completo estranho, mas não é tudo que eu gostaria de falar. Não é o que eu diria se a pessoa que estivesse sofrendo fosse minha irmã ou minha melhor amiga. Não é o que eu gostaria de dizer ao meu eu mais jovem. Porque com os mais próximos sou solidária e incentivadora... mas me recuso a ficar olhando uma pessoa que eu amo se acomodar.

A verdade é que *você é* forte, corajosa e lutadora sim... mas, se estou lhe dizendo isso, é porque quero que você veja essas características em si mesma. Tenho vontade de segurar você pelos ombros e dar uma boa chacoalhada. De provocá-la até você ter coragem de se olhar nos olhos e enxergar a resposta por si mesma. Quero gritar até você entender a grande verdade: você está no controle da própria vida. A gente recebe uma única chance de viver e a vida está passando por nós. Pare de se maltratar e não deixe que os outros a maltratem. Portanto, pare de se menosprezar. Pare de comprar coisas que não tem como pagar só para impressionar pessoas de quem nem gosta. Pare de reprimir seus sentimentos em vez de refletir sobre eles. Pare de comprar o amor de seus filhos com comida, brinquedos ou camaradagem porque é mais fácil do que agir como mãe. Pare de abusar do seu corpo e da sua mente. Simplesmente pare! Saia desse caminho que não tem fim. Sua vida deve ser uma jornada de um lugar especial para outro; não um carrossel que a leva várias vezes de volta ao mesmo lugar.

Sua vida não tem que se parecer com a minha. Aliás, sua vida não tem que se parecer com a de ninguém. Ela deve ser o resultado de suas próprias escolhas.

Vai ser difícil? Com certeza! Mas optar pela saída mais fácil é correr o risco de acabar no sofá, com 25 quilos de sobrepeso, enquanto a vida passa ao largo.

A mudança acontecerá da noite para o dia? De jeito nenhum! Esse é um processo para a vida toda. Você vai experimentar técnicas e ferramentas diferentes, algumas parecerão funcionar, uma talvez pareça ser a resposta certa e outras 37 parecerão um lixo. Então você vai acordar no dia seguinte e repetir tudo de novo. E de novo.

E vai fracassar.

Você terá uma recaída. Comerá metade do bolo de aniversário quando ninguém estiver olhando, gritará com seu marido ou beberá demais o mês inteiro. Você vai se entregar à rotina porque a vida é assim e é dessa forma que as coisas funcionam. Mas, assim que entender que é você que está realmente no controle, vai se levantar e tentar de novo. E vai seguir em frente até que a sensação de estar no controle pareça mais natural do que o contrário. Isso vai se tornar um estilo de vida e você será a pessoa que estava destinada a ser.

Cabe perguntar aqui, logo no início, qual é o papel da fé nisso tudo. Como cristã, aprendi que Deus está no controle e que Ele tem um plano para a minha vida. Acredito piamente que isso seja verdade. Acredito que Deus ama cada um de nós incondicionalmente, mas não acho que isso significa que podemos desperdiçar as dádivas e os talentos que ele nos deu simplesmente porque já somos bons o bastante. A lagarta é incrível, mas, se ela não evoluir – se decidir que o *bom já basta* –, todos perderemos a linda criatura que ela estava destinada a ser.

Você é muito mais do que acredita ser.

É isso que eu quero dizer às mulheres que me escrevem pedindo conselhos. Pode ser difícil de ouvir, mas essa conscientização vem acompanhada por esta doce verdade: você é mais do que acredita ser e tem controle total sobre o que faz com esse conhecimento.

Esse insight me deu uma ideia.

E se eu escrevesse um livro sobre todas as dificuldades que enfrentei e depois explicasse os passos que me ajudaram a superá-las? E se contasse todos os meus fracassos e momentos constrangedores? E se você soubesse que morro de vergonha porque às vezes fico tão irritada que grito com meus filhos? Não é um grito, um berro, uma repreensão ríspida, mas um urro tão alto que fico constrangida só de pensar nele depois. O que você pensaria se soubesse que estou com pelo menos três cáries neste momento porque tenho pavor de dentista? E se eu falasse sobre minha celulite, ou sobre aquela gordurinha no sovaco que aparece quando uso camiseta? Já falei da gordura nas costas? Ou do pelo que cresce numa pinta em meu rosto? Ou das minhas inseguranças? E se eu começasse o livro contando que fiz xixi nas calças já adulta, mulher feita, e que não foi a primeira vez e nem será a última? E se eu dissesse que, apesar das minhas confissões, às vezes engraçadas, às vezes dolorosas, estou em paz comigo mesma? Que amo quem sou mesmo quando faço coisas das quais não me orgulho? E que isso só é possível porque sei que tenho o poder de mudar. Tenho controle sobre a pessoa que me tornarei. Pela graça de Deus, acordarei amanhã e terei outra chance de melhorar esta vida. Pela graça de Deus, por 35 anos tentei de forma tão empenhada fazer determinadas coisas em algumas áreas da vida (como o preparo de pratos à base de queijo) que agora estou arrasando. Em outras áreas (como o controle da ansiedade), estou sempre trabalhando em várias perspectivas diferentes para combater o problema.

Trata-se de uma jornada para a vida inteira, mas me consola saber que todo dia estou aprendendo e crescendo. Isso me deixa em paz comigo mesma.

Quais são as dificuldades que enfrento? Quais são as mentiras sobre mim mesma em que acreditei por tanto tempo?

A lista é longa. Tão longa que decidi dedicar um capítulo a cada uma delas. Cada capítulo deste livro começa com uma mentira em que eu acreditava e, na sequência, vêm as histórias sobre como aquela mentira específica me atrapalhou, magoou e, em alguns casos, me fez magoar outras pessoas. No entanto, ao reconhecer essas mentiras, tirei o poder delas. Compartilharei com você as mudanças que fiz em minha vida para superar as dificuldades – algumas de forma definitiva e outras como uma dança constante entre mim e minhas eternas inseguranças.

Quais são essas inseguranças? Bem, aqui estão as maiores e as piores sem ordem definida. Espero que sirvam como encorajamento e que você considere essas ideias úteis. Acima de tudo, querida amiga, espero que você tenha consciência de que pode se tornar quem e o que quiser ser. Nos dias mais difíceis, você se lembrará que avançar continuamente – seja 1 centímetro ou 1 quilômetro – é o único requisito necessário.

Com amor,
Rach

CAPÍTULO 1

A mentira:

ALGUMA OUTRA COISA VAI ME FAZER FELIZ

Fiz xixi nas calças semana passada.

Não foi nada tão *dramático* quanto daquela vez no acampamento de férias, quando eu tinha 10 anos. Naquele dia, tantos anos atrás, eu estava brincando de pique-bandeira e não consegui segurar mais. Para não admitir que tinha feito xixi nas calças, despejei uma garrafa de água em cima de mim. Veja só: com a roupa toda molhada, ninguém perceberia, especialmente Christian Clark, minha paixonite no acampamento. Eu já era criativa naquela época.

Ninguém achou estranho que, de repente, eu estivesse totalmente molhada?

É provável que sim.

Mas era melhor ser considerada esquisita do que mijona.

Já o episódio da semana passada não foi *nem de longe* parecido. Foi apenas a consequência normal de três partos naturais.

O trabalho de parto é como o lançamento de um foguete espacial. Tudo fica destruído na saída e o resultado é que às vezes você molha a calcinha. Se essa informação fere sua sensibilidade, vou deduzir que você não tem problemas para controlar a bexiga – e lhe dou os parabéns. No entanto, se a minha experiência faz sentido para você, é provável que tenha esse problema também – o que significa que acabou de dar uma risadinha porque passou por uma situação parecida.

Eu estava brincando com meus filhos no quintal quando alguém me desafiou a tocar os dedos dos pés com as mãos enquanto pulava. Essa é minha única habilidade no pula-pula, e, se é para criar coragem e subir na armadilha assassina que é aquela cama elástica, pode acreditar que vou dar tudo de mim. Num segundo eu estava no ar, como uma daquelas animadoras de torcida minúsculas que são lançadas para o alto, e no momento seguinte minha calcinha estava molhada. Ninguém notou – a menos que meu orgulho entre na conta –, mas ainda assim aconteceu. Eu precisava continuar saltando para que aquelas lufadas de ar secassem minha roupa. Sou criativa, lembra? A ironia da situação foi que menos de trinta minutos depois subiu uma publicação pré-programada do meu Facebook, na qual eu aparecia experimentando vestidos para a cerimônia do Oscar.

Antes que você fique com a impressão errada, não sou chique o suficiente para ser convidada para o prêmio da Academia de Cinema. No entanto, sou casada com alguém ultrabadalado. Ele não é exatamente chique, mas seu trabalho sim. Isso significa que às vezes preciso usar roupas de princesa e beber vinho de graça em salões bem iluminados. Nessas ocasiões, aparecem fotos nossas no Instagram ou no Facebook com um visual chiquérrimo, e todo mundo vai à loucura. Essa é a principal situação que leva as pessoas a me mandarem mensagens comentando como minha vida é glamourosa e como meu mundo deve ser estiloso, requintado e perfeito. Quando leio esse tipo de comentário, só consigo pensar que *acabei de me mijar em público, na frente de outras pessoas*. Fiz xixi no ar enquanto tentava forçar as pernas e o quadril em posições nada naturais só para impressionar meu filho de 3 anos.

Sou a pessoa mais sem glamour que vocês podem imaginar.

Não estou fazendo tipo, bancando a celebridade *gente como a gente*. Não é como aquela vez em que Gwyneth Paltrow, com seu angelical cabelo louro e sua pele perfeita, sem um pingo de maquiagem, tentou nos convencer de que era uma mulher normal, ainda que sua camiseta custasse 400 dólares. Não, eu estou falando a verdade.

Não sou glamourosa. Sou a pessoa mais nerd que você provavelmente conhecerá. Se, de alguma forma, eu consegui convencê-la do contrário porque administro um site de estilo de vida com fotos lindas, ou porque meu cabelo às vezes exibe um brilho incrível no Instagram, bem, querida, deixe-me esclarecer. Não sou a esposa perfeita, nem a mãe perfeita, muito menos a amiga ou a chefe perfeita. Nem sequer sou uma cristã perfeita. Muito longe disso. Não sou perfeita em nada do que faço, exceto preparar e comer pratos à base de queijo. Mas nas outras coisas, nas coisas da *vida*, estou longe da perfeição... No entanto, estou me esforçando.

Sinto que é importante dizer isso. Na verdade, importante o suficiente para escrever um livro inteiro em torno dessa ideia, para ter certeza de que você vai *entendê-la*.

Apesar de ser imperfeita de todas as maneiras imagináveis, eu *ganho dinheiro dizendo a outras mulheres como melhorar a vida*. Eu, das séries de treinos físicos e do esfoliante clareador de pele feito em casa; eu, das dicas para preparar o jantar para uma ocasião especial e da lista detalhada de como cuidar dos filhos. Eu cometo erros.

O. Tempo. Todo.

É importante dizer isso porque quero que você entenda, querida amiga, que todas nós *falhamos*. Mas, mesmo fracassando repetidamente, não deixo que isso me impeça de fazer nada. Ainda acordo todas as manhãs e tento mais uma vez ser uma pessoa melhor. Alguns dias eu me sinto mais próxima dessa versão melhorada de mim mesma. Em outros, como uma torta inteira no jantar. Mas a dádiva da vida é que temos outra chance no dia seguinte.

Em algum momento ao longo do caminho, as mulheres receberam informações erradas. Ou, devo dizer, nós recebemos *tantas* informações erradas que deixamos de nos responsabilizar pelas coisas. Vivemos em uma sociedade do tudo ou nada que diz que eu preciso parecer, agir, pensar e falar de maneira perfeita ou então desistir e parar de tentar.

É isso que mais me preocupa: que você pare de tentar. Recebo mensagens de leitoras e vejo milhares de comentários nos feeds de minhas redes sociais. Algumas se sentem tão sobrecarregadas pela vida que desistem e passam a viver como um detrito levado pela maré. Como é muito difícil acompanhar o ritmo, desistem de se esforçar. Ah, claro, ainda aparecem para trabalhar, preparam o jantar e cuidam das crianças, mas estão sempre correndo atrás do prejuízo. Sempre se sentem atrasadas e assoberbadas.

A vida não deve sobrecarregá-la o tempo todo. A vida não é para ser uma mera questão de sobrevivência – é para ser *vivida*.

Algumas fases ou situações vão inevitavelmente sair de seu controle, porém os momentos em que você tem a sensação de estar se afogando devem ser breves. Não devem ocupar toda a sua existência! A vida preciosa que você recebeu é como um navio atravessando o oceano e você deve ser a capitã desse navio. Certamente algumas tempestades atiram você de um lado para outro, cobrem o convés de água ou quebram o mastro ao meio, mas é nesse momento que você precisa reagir, retomar o curso e tirar toda a água que entrou no barco, balde por balde. É aí que você luta para reassumir o comando. Esta é a *sua* vida. Seu destino é ser a heroína de sua própria história.

Isso não significa que você deva se tornar uma pessoa egoísta. Muito menos abrir mão de sua fé ou deixar de acreditar em algo maior do que você mesma. Significa assumir a responsabilidade por sua vida e por sua felicidade. Dizendo isso de uma maneira curta e grossa, se você está infeliz *a culpa é sua.*

Quando digo infeliz, quero dizer *infeliz* mesmo. Não me refiro a estar *deprimida.* Depressão de verdade tem a ver com a genética e o equilíbrio químico de seu corpo. Como eu mesma lutei contra uma depressão, tenho a maior compaixão por quem passa por isso. Tampouco me refiro à *tristeza.* A tristeza ou dor provocada por circunstâncias fora de controle, como a perda de um ente querido, não é algo que possa ser superado com rapidez ou facilidade. A tristeza e a dor são coisas que você tem que experimentar e conhecer ou nunca vai ser capaz de seguir em frente.

Quando digo infeliz, quero dizer insatisfeita, inquieta, frustrada, irritada ou qualquer uma das várias emoções que nos levam a querer nos esconder da vida em vez de aceitá-la de braços abertos como uma música da banda Creed. Porque pessoas felizes, que curtem a vida 90% do tempo, existem. Você as conhece. Na verdade, está lendo um livro escrito por uma delas.

No fim, acho que, quando as pessoas comentam em minhas fotos "Sua vida parece tão perfeita", o que elas querem dizer é "Você parece ter uma vida feliz. Parece contente. Está sempre otimista e agradecida. Está sempre rindo."

Quero explicar a razão.

O início da minha vida não foi fácil. Para ser honesta, a palavra que eu usaria para descrever a maior parte da minha infância é *traumática.* Nossa casa era caótica – alternava altos e baixos, com altos muito altos e baixos muito baixos. Oferecíamos grandes festas para parentes e amigos, seguidas por gritos, brigas e choro. As paredes eram marcadas por buracos do tamanho de punhos e pratos se espatifavam no chão da cozinha. Meu pai lidava com o estresse por meio da raiva e minha mãe passava semanas na cama. Como a maior parte das crianças que cresce em um ambiente assim, eu não sabia que não havia outra maneira de ser uma família.

Então, quando eu tinha 14 anos, meu irmão mais velho, Ryan, cometeu suicídio. As coisas que vi e passei naquele dia vão me assombrar pelo resto da vida, mas também me transformaram de uma maneira fundamental. Eu era a mais nova dos quatro irmãos e até aquele momento praticamente ignorava o mundo fora da minha casa. Mas, quando Ryan morreu, nosso já turbulento lar se despedaçou. Se a vida era difícil antes da morte dele, ficou insustentável depois.

Eu amadureci de uma vez naquele dia. Em meio à angústia, ao medo e à confusão provocados pela morte do meu irmão, compreendi uma grande verdade: se quisesse uma vida melhor do que aquela, cabia a mim criá-la.

Eu tinha começado o ensino médio naquele ano e imediatamente me inscrevi no máximo de disciplinas que consegui para me formar mais cedo. Recebi o diploma no segundo ano e me mudei para Los Angeles, a cidade grande mais próxima de minha cidade natal na Califórnia. Para uma caipira como eu, Los Angeles parecia o tipo de lugar onde qualquer sonho se concretizaria. Eu estava com 17 anos, portanto não tinha idade suficiente nem para obter uma linha telefônica ou alugar um apartamento sem a assinatura de um adulto, mas tudo o que importava era finalmente estar longe. Durante anos vivi no caos da casa da minha família pensando: *Um dia vou embora daqui, e então vou ser feliz.*

Como eu poderia não ser feliz em Los Angeles? Absorvi cada centímetro da cidade no momento em que pisei nela. Absorvi a energia frenética de Hollywood e me adaptei ao ritmo das ondas que quebram ao longo da estrada que costeia o Pacífico. O horizonte multidimensional fez com que eu me sentisse parte do mundo. Apreciei as vistas panorâmicas como só um forasteiro seria capaz.

A maioria das pessoas não percebe as árvores em Beverly Hills. Estão muito ocupadas cobiçando as mansões por trás delas, mas as árvores foram uma das primeiras coisas que notei. Vibrei com a beleza pela beleza, uma vez que esse tipo de coisa não existia no lugar onde cresci. A verdade é que as árvores combinam com Beverly Hills. Em qualquer rua ou esquina, até mesmo em meio ao caos da cidade movimentada, você verá a perfeita simetria das alamedas – uma coleção de pinheiros-das-canárias, canforeiras e tamareiras. Elas foram plantadas no início do século XX e se entrelaçam nas ruas largas formando fileiras precisas, sentinelas silenciosas de uma das cidades mais ricas do mundo. Depois de uma vida em meio ao caos, eu me deliciava com a ordem.

Finalmente, pensei comigo mesma, *encontrei o meu lugar*.

O tempo passou, as estações mudaram e minha nova cidade acabou me ensinando uma das lições mais importantes que já aprendi. Mudar, viajar ou fugir... isso é só a geografia. Mudar de cidade não muda quem você é. Muda apenas a vista da janela. Você deve *escolher* ser feliz, grata e realizada. Se você fizer essa escolha todos os dias, independentemente de onde estiver ou do que estiver acontecendo, será feliz.

Encontro minha melhor amiga, Amanda, algumas vezes por ano. Toda vez que saímos juntas falamos até ficarmos roucas e rimos até as bochechas doerem. Amanda e eu nos divertiríamos da mesma forma se estivéssemos na sala da minha casa ou em uma praia no México. Tudo bem, admito que o México é mais bonito, o clima é mais agradável e teríamos mais drinques com guarda-chuvinhas coloridos à nossa disposição... mas podemos nos divertir muito mesmo estando no meu quintal ou atrás da lixeira do supermercado mais próximo porque adoramos nos encontrar. Quando você está empenhada e disposta a aproveitar a vida, não importa o que aconteça. Você vai estar feliz porque não importa *onde* você está, mas *quem* você é.

COISAS QUE ME AJUDARAM...

1. ***Parei de me comparar.*** Deixei de me comparar com outras pessoas e também com a pessoa que eu achava que devia ser. A comparação é a morte da alegria, e a única pessoa que você precisa superar é aquela que foi ontem.

2. ***Eu me cerquei de positividade.*** Eu me arrepio só de escrever isto porque parece frase de pôster que os adolescentes pregam na parede – mas, brega ou não, é uma verdade. Você se torna aquilo de que se cerca. Você se torna o que consome. Se você estiver deprimida ou tiver a sensação de que vive em um mundo de negatividade, dê uma boa olhada em quem e no que você vê todo dia.

3. ***Descobri o que me faz feliz e invisto nisso.*** Esta parece ser a ideia mais óbvia do mundo, mas a verdade é que pouquíssimas pessoas escolhem intencionalmente coisas que lhes trazem alegria. Não, não estou dizendo que você pode construir uma vida em torno de sessões de massagens e jantares suntuosos. O que quero dizer é que você devia passar mais tempo fazendo coisas que alimentam o espírito: mais passeios com

o cachorro e menos coisas que faz por obrigação, mas que na verdade odeia. Você está no comando de sua vida, amiga, e não há nada nela que não tenha tido sua *permissão* para estar ali. Pense nisso.

CAPÍTULO 2

A mentira: VOU COMEÇAR AMANHÃ

Perdi a conta de quantas dietas experimentei. Não sei dizer quantas vezes fiz planos de ir à academia e não cumpri. O número de meias maratonas para as quais me inscrevi e depois fingi não lembrar que estava na hora de começar a treinar de verdade? Duas. Quantas vezes já declarei que "Daqui para a frente, vou andar 1,5 quilômetro todo dia de manhã antes do trabalho!" e nunca passei do terceiro dia? Infinitas vezes.

Como muitas mulheres, tive esse hábito por anos. Falamos sobre as coisas que gostaríamos de fazer, de ser, de tentar e de conseguir, mas, quando chega o momento de *realmente fazer*, mais que depressa recuamos.

Talvez tenhamos criado esse hábito porque fomos criadas de acordo com esse padrão. Revistas e programas de TV passam muito tempo focando no que fazer quando temos uma recaída, em vez de nos ensinar a perseverar. A vida não para e os planos fracassam, mas, quando isso se torna uma ocorrência tão comum que as promessas têm pouco poder real em nosso dia a dia, é preciso fazer uma autoanálise.

Alguns meses atrás saí para jantar com umas amigas. O happy hour de última hora se transformou em jantar e acabou demorando mais do que qualquer uma de nós imaginava. Cheguei em casa depois do horário de as crianças irem para a cama e encontrei Dave entretido com o jogo eletrônico que vinha praticando todas as noites nos últimos dois anos de nosso casamento (que eu saiba, sem fazer qualquer progresso). Dei um beijo nele, conversamos um pouco sobre o dia e depois fui até o porão, onde nossa velha esteira fica escondida, e corri alguns quilômetros. Publiquei fotos no Snapchat, e mais tarde uma das amigas com quem saíra viu e me enviou uma mensagem.

Você foi fazer exercício depois do jantar? Como assim?

Respondi: **Sim, porque foi o que tinha planejado e não quis cancelar.**

Não podia ter deixado para o dia seguinte? Ela estava realmente admirada.

Não, porque prometi a mim mesma que ia fazer e nunca descumpro uma promessa que faço a mim mesma.

Nossa, ela escreveu. **A PRIMEIRA promessa que quebro é a que faço para mim.**

Ela não é a única. Eu costumava fazer isso o tempo todo até que percebi como me esforçava para manter a palavra dada às outras pessoas, mas, comigo, eu falhava facilmente. *Vou malhar amanhã* virava *Não vou malhar tão cedo* – porque, honestamente, se de fato me importasse com esse compromisso, eu o cumpriria quando programei.

E se você tivesse uma amiga que sempre deixasse você na mão? E se cada vez que você fizesse planos ela decidisse não aparecer?

E se ela desse desculpas esfarrapadas como: "Eu quero muito ver você, mas estou assistindo a um programa ótimo na TV"?

Ou, então, se uma amiga do trabalho estivesse sempre começando algo novo? A cada três segundas-feiras ela anunciasse uma nova dieta ou um novo objetivo que durava apenas duas semanas? E se você desse uma chamada nela, tipo: "Ei, Pam, achei que você estivesse fazendo dieta." Nesse momento, Pam estaria comendo uma pizza e dizendo a você que estava *sim* fazendo dieta. Embora isso a fizesse se sentir ótima, depois de duas semanas, ela levou o filho a uma festa de aniversário e não resistiu ao bolo, concluindo que não tinha por que continuar com a dieta. Agora ela engordou os quilos que havia emagrecido e ainda ganhou alguns extras.

Você respeitaria uma mulher como Pam, que começa e desiste das coisas repetidas vezes? Você contaria com Pam ou com aquela amiga que deixa você na mão por razões bobas? Você confiaria nelas quando se comprometessem com algo? Acreditaria nelas caso se comprometessem com você?

Não. De jeito nenhum.

E esse nível de desconfiança e apreensão também se aplica a você. Depois de descumprir tantos planos e desistir de muitos objetivos, seu inconsciente sabe que você, você mesma, não é confiável.

Por outro lado, você já conheceu alguém que sempre cumpre a palavra? Que chega sempre na hora marcada? Que, quando se compromete com um projeto, vai até o fim? Que se inscreve para fazer uma maratona pela primeira vez, e você sabe que ela vai cruzar a linha de chegada? Quando esse tipo de pessoa se compromete com alguma coisa, você tem alguma dúvida de que ela vai cumprir com o prometido?

Espero que você entenda o que estou querendo dizer aqui.

Se tem o hábito de fazer promessas a si mesma e depois quebrá-las, não está fazendo promessas. Está apenas falando. Falando de maneira figurada, como Pam fez em relação à dieta ou como aquela amiga leviana que trocou você por um episódio de *Game of Thrones*.

Quantas vezes você enganou a si mesma para assistir à TV? Quantas vezes desistiu antes mesmo de começar? Quantas vezes fez progressos reais e depois desistiu no primeiro obstáculo? Quantas vezes sua família e seus amigos ou colegas de trabalho viram você desistir de alguma coisa? Quantas vezes seus filhos viram você desistir de si mesma?

Isso não é legal.

Nossa sociedade dá muito espaço para a complacência e para a preguiça; raramente somos cercadas pela responsabilidade. Também raramente somos cercadas por café latte light sabor baunilha, mas quando queremos tomar um, damos um jeito.

Estou brincando, é claro.

Mas quando você realmente quer alguma coisa, encontra um jeito. E quando não quer, encontra uma desculpa. Como seu inconsciente sabe a diferença entre o que você quer e o que finge querer? Ele se volta para um histórico de como você lidou com situações semelhantes no passado. Você manteve a palavra? Quando você se propõe a fazer algo, vai até o fim? Quando estamos confusos, nosso nível de exigência cai – e o menor nível de exigência em geral é nosso mais alto nível de treinamento. Isso soa um pouco estranho, então vou explicar.

Se você estabeleceu que vai correr 50 quilômetros hoje, até onde chegaria facilmente sem parar? Ao nível máximo de seu treinamento. Portanto, se 6,5 quilômetros foi o máximo que você já correu confortavelmente, vai cansar mais ou menos por aí. É verdade que a adrenalina pode levar você um pouco além, e o poder da mente sobre o corpo também conta muito, mas é provável que seu corpo volte ao que ele conhece e se sente mais confortável.

O mesmo pode ser dito sobre cumprir as outras promessas feitas a si mesma.

Se você definir, por exemplo, o objetivo de "Escrever um romance" ou "Correr 10 quilômetros", seu inconsciente calculará a probabilidade de que isso aconteça levando em conta suas experiências anteriores. Assim, quando no quarto dia você se sente cansada e não quer sair para correr, recorre ao mais alto nível de treinamento mental. O que aconteceu da última vez que se viu nessa situação? Você persistiu, criou um hábito e chegou até o fim? Ou arranjou uma desculpa? Você deixou para depois?

Seja qual for o padrão que definiu para si mesma, ele será seu limite... a menos que você lute contra seu instinto e mude o padrão.

Foi assim que mudei meus padrões e comportamentos e também que estabeleci a regra de não mais descumprir uma promessa feita a mim mesma, por menor que seja.

E tudo começou com a Coca Zero.

Eu adorava Coca Zero – um amor *obsessivo*, admito. Durante muito tempo tomei várias diariamente. Um dia, percebi como me fazia mal. Diminuí meu consumo para uma lata por dia, mas ansiava por aquele refrigerante como uma viciada. *Será melhor beber na hora do almoço para ter mais ânimo à tarde? Ou devo esperar até o jantar? Vamos comer comida mexicana esta noite e a Coca acompanha tão bem os tacos e o molho... então talvez segurar a vontade seja a melhor opção...*

Eu passava muito tempo na expectativa de tomar aquele refrigerante. Então, certo verão, comecei a sentir vertigens terríveis. Tentei cortar tudo da minha dieta que pudesse ser prejudicial. Até a Coca diária entrou na dança.

Honestamente, pensei comigo mesma, *que tipo de louca abre mão de Coca-Cola?! Devemos simplesmente abrir mão da alegria e da satisfação em nossa vida? Por que não abrir mão da eletricidade e passar a viver como os Amish?*

Meus monólogos interiores são incrivelmente dramáticos.

Decidi não tomar refrigerante por um mês. Achei que um mês não era tanto tempo assim... Eu *poderia* ficar sem beber refrigerantes por trinta dias. O único problema era que eu nunca tinha conseguido seguir nenhum tipo de dieta, exercício ou hábito de escrita sem desistir ou "trapacear" pelo menos algumas vezes. E se dessa vez eu realmente fosse até o final?

Assim foi.

Durante trinta dias não tomei nenhum tipo de refrigerante, o que não parece grande coisa quando você é uma pessoa saudável, feliz e não dependente. Para mim, a primeira semana foi especialmente infernal. Eu não parava de me questionar: *e se eu não quebrar essa promessa?* Passou um dia, depois outro e na terceira semana eu percebi que não tinha sido tão difícil assim. No fim, mantive a palavra e não sentia mais vontade de tomar Coca Zero. Quatro anos se passaram e não tenho vontade de beber refrigerante como antes. Quando me oferecem, meu instinto é recorrer ao meu treinamento mental, que me lembra que não bebo mais essas coisas. Ser bem-sucedida nessa pequena seara me fez perceber que a única coisa entre mim e meus objetivos é a minha capacidade de ampliar os sucessos anteriores.

Correr a primeira meia maratona? Consegui chegar lá me comprometendo a correr 1,5 quilômetro algumas vezes por semana. Como não contei a ninguém a promessa que fiz a mim mesma, correr 3 quilômetros algumas vezes por semana não parecia tão difícil. Meu treinamento me disse que qualquer que fosse o objetivo estabelecido eu deveria cumpri-lo, mesmo cansada. Portanto, continuei correndo.

Escrever o primeiro livro? A mesma coisa. Antes de terminar o primeiro manuscrito, iniciei e parei pelo menos uma dúzia de romances diferentes. Mas, quando terminei a primeira versão, eu sabia que era algo que eu podia fazer. Quando meu instinto é desistir, abandonar ou jogar o computador na parede por conta do prazo apertado, lembro que já passei muitas vezes por isso antes. Eu usava uma pulseira dourada barata com o número de palavras do meu primeiro romance gravado nela: 82.311. Toda vez que olhava para a pulseira, eu me lembrava da façanha. Fui eu que encadeei 82.311 palavras em frases quase coerentes. Quando confrontada com o desafio de escrever outros livros, olho novamente para aquele número... *Bem, pelo menos sei que consigo escrever esse tanto de palavras. Já fiz isso antes!*

Sei que faltar a um treino ou a um encontro, desistir de organizar o armário ou de ir a um compromisso assumido com você mesma não parece ser tão grave, mas é. Bem grave. As palavras têm poder, mas as ações definem nossa vida.

Se você escolher hoje não quebrar outra promessa assumida consigo mesma, vai se obrigar a diminuir o ritmo. Pode ser que não consiga manter todos os compromissos, promessas, objetivos e ideias. Mas se reconhecer que suas palavras têm poder e que seus compromissos têm a seriedade de um pacto, não assumirá qualquer coisa tão facilmente. Terá que se perguntar se dispõe mesmo de tempo para encontrar aquele amigo para um café esta semana. Terá que verificar se exercitar-se quatro vezes até o domingo é algo possível ou se é mais realista e viável se comprometer com duas caminhadas vigorosas.

Você vai desacelerar e refletir sobre as coisas.

Não apenas falará sobre um objetivo, mas planejará como realizá-lo. Você definirá um objetivo e se surpreenderá quando alcançá-lo. Ensinará a si mesma uma nova maneira de se comportar e estabelecerá um padrão para o tipo de pessoa que realmente é – não a pessoa que você sonhou ser, mas aquela que se esforça para ser todos os dias.

Além disso, talvez você considere desistir do refrigerante diet porque os produtos químicos dessa bebida fazem muito mal para você.

COISAS QUE ME AJUDARAM...

1. ***Começar com um objetivo pequeno.*** A Coca Zero foi meu grande desafio na época, mas abrir mão de um refrigerante foi um milhão de vezes mais fácil do que correr maratonas, bater as metas do orçamento anual ou escrever um livro. Quando alguém me diz que quer começar uma dieta, sugiro que comece tentando beber dois litros de água por dia. É muito mais fácil acrescentar do que subtrair um hábito, mas o objetivo da água é desafiador. Quem consegue fazer isso durante um mês estabelece um novo padrão de conquista e pode acrescentar algo mais difícil.

2. ***Ser criteriosa com os compromissos.*** Nós adotamos com facilidade qualquer coisa que nos pareça boa. Uma alimentação mais saudável? Claro. Trabalho voluntário na igreja este sábado? Com certeza. Sabemos que essas coisas são importantes e boas, por isso dizemos sim, supondo que a importância do compromisso nos motivará a cumpri-lo. Infelizmente, nem sempre é assim. Vá mais devagar com o sim. Comprometa-se apenas com o que sabe que pode realizar, porque é muito importante para você. Caso contrário, vai continuar falhando.

3. ***Ser honesta comigo mesma.*** Seja honesta com você mesma sobre o que decidiu não fazer. Um pequeno cancelamento aqui e uma desistência ali vão se somando... mas somente se você se recusar a reconhecer suas ações. Se der uma boa olhada no que cancelou nos últimos trinta dias, pode ficar surpresa ao descobrir como está treinando o seu comportamento.

CAPÍTULO 3

A mentira: NÃO SOU BOA O SUFICIENTE

Sou uma workaholic.

Não digo isso com entusiasmo. As palavras me pesam e a consciência disso deixa meu coração apertado. Mas, se eu sou capaz de ser benevolente comigo, é porque sou uma workaholic *em recuperação.*

Sou uma workaholic em recuperação, e digo isso com a mesma inquietação e vergonha com que confessaria qualquer outro tipo de vício.

Mesmo tendo certeza do diagnóstico há alguns anos, só agora procurei a definição. O dicionário on-line descreve o *workaholic* como "uma pessoa que se sente *obrigada* a trabalhar em excesso".

Obrigada.

Essa é uma palavra muito forte, não é? Não devo ser a única pessoa que a ouve e lembra imediatamente do filme *O exorcista*, de água-benta e de um padre aterrorizado. Mas *obrigada* parece ser correto, como algo dentro de você que não aceita não como resposta, como algo que você faz sem parar para pensar conscientemente.

Se eu me sinto forçada a trabalhar sem parar?

Sem dúvida.

Agora mesmo, estou escrevendo este capítulo sobre ser workaholic às 5h37 da manhã, porque acordar às cinco horas para cumprir minha meta em número de palavras é a única maneira de conseguir escrever livros, administrar uma empresa de mídia e cuidar da família ao mesmo tempo. Ainda me sinto obrigada a trabalhar até ficar exausta, doente, irritada com o mundo e incapaz de manter os olhos focados – mas pelo menos esses sintomas já não acontecem todos ao mesmo tempo. Sinto que estou vencendo esse problema.

Parte da razão pela qual eu trabalho tanto é simples: amo o que faço. Na verdade, sou *alucinada* pelo meu trabalho. As pessoas da minha empresa são as mais simpáticas, descoladas e criativas que existem. Cada membro da equipe foi avaliado e cada função aprovada por duas pessoas antes de termos certeza de sua importância. Todo mundo passou por um treinamento e depois teve que me treinar para gerenciá-los e ser chefe. Passei anos construindo esta equipe. Quando chego ao trabalho e tudo está funcionando bem, quando uma pessoa está definindo a escalação dos palestrantes de nosso próximo evento ao vivo, enquanto outra tira as fotos mais bonitas que você já viu e a equipe comercial negocia novas parcerias com algumas das maiores marcas do planeta, eu me encho de orgulho. Para uma interiorana com diploma do ensino médio é muito gratificante ter alcançado isso. Além do mais, meu coração quase estoura de emoção porque todas essas pessoas estão se esforçando ao máximo pelo *meu* sonho.

Eu tinha essa ideia romântica e caipira de que poderíamos criar um espaço na internet que levantasse o ânimo das mulheres, que as incentivasse, as fizesse sentir que tinham amigas, e que oferecesse ajuda e conselhos sempre de maneira positiva. E está funcionando superbem!

Quando comecei o blog, só tinha minha mãe e algumas tias como leitoras. Agora, meu universo digital alcança milhões de pessoas e cresce todos os dias. Minha comunidade on-line é impressionante. Admiro minhas seguidoras e acho que na maior parte do tempo elas também me admiram. Tenho muito orgulho de ter criado um negócio que representa aquilo em que acredito.

Então vou para casa.

Lá, encontro Sawyer brigando com Ford para ver quem fica com qual peça do Lego. Jackson adotou o comportamento de um coleguinha da escola, e, se ele revirar os olhos *mais uma vez*, juro que vou cometer uma loucura. Os dentinhos da bebê estão nascendo, o que a deixa enjoadinha, e amanhã é Dia da Família na pré-escola, mas não vou comparecer porque tenho uma viagem a trabalho. Dave e eu nos vemos menos do que gostaríamos e faz semanas que não temos uma noite nossa – e ontem eu me irritei com ele por causa da comida industrializada e depois chorei de molhar o travesseiro porque me senti uma idiota. E mais e mais e mais... Ser mãe é exaustivo. Eu me esforço para cumprir esse papel de mil maneiras diferentes.

Mas estar no trabalho? Ah, isso eu domino! Sou excelente no trabalho. Sou a fera da mídia especializada em estilo de vida!

Portanto, entre me dar bem no trabalho ou entrar em desespero em casa, adquiri o hábito de trabalhar, trabalhar e trabalhar mais um pouco. Toda vez que tinha um sucesso profissional, via como uma confirmação de ter feito a escolha certa.

Mas espera aí...

Você não acha que um problema importante como este foi causado por uma única coisa, não é? De jeito nenhum! A neurose das pessoas é um pouco mais profunda. Sou um poço de problemas. Minha bagagem emocional é pesada, então tento me livrar de algumas.

Sou a caçula de quatro irmãos e, na minha infância, o casamento de meus pais estava afundado em problemas. Apesar de ser a mais nova, fui muito autossuficiente. Acho que a combinação dessas duas coisas fez com que eu fosse ignorada na maior parte do tempo – *a menos* que fizesse algo de bom.

Quando eu tirava A numa prova...

Quando marcava um gol no futebol...

Quando ganhava um papel na peça na escola...

Quando era bem-sucedida, ganhava elogios e atenção. Nessas horas, eu me sentia querida e aceita. Mas assim que o público parava de bater palmas, tudo voltava ao que era.

O que isso me ensinou quando criança – e que levei para a idade adulta, como descobri depois de muita terapia – é que para ser amada eu precisava *produzir* alguma coisa.

Agora vamos pular para os meus 30 anos e você verá que, para mim, é quase impossível ficar parada. Estou em constante movimento, andando e correndo. No instante em que alcanço um objetivo – e quando digo instante, é na mesma hora mesmo –, imediatamente penso: *Ok, o que vem agora?* Eu me esforço para comemorar ou desfrutar uma vitória, independentemente de sua importância, porque estou sempre pensando no que poderia fazer de *mais* importante. No trabalho, estou o tempo todo ligada nisso. Quando chego em casa, lavo a louça, organizo os armários e preparo uma lista de coisas para fazer impossível de ser realizada nesta ou na próxima vida.

A necessidade de provar o meu valor, aliada ao fato de que sou competente profissionalmente, me tornou uma workaholic e tanto, embora eu não tivesse noção do que isso representava, nem que estivesse afetando minha saúde e a felicidade da minha família.

Tive a primeira paralisia facial aos 19 anos. Eu e Dave estávamos chegando ao final de nosso longo e difícil primeiro ano juntos, e eu sabia que o fim estava próximo. Não o fim do ano, o fim do nosso namoro. Dave parecia cada vez mais alheio e o relacionamento a distância que estávamos nos esforçando para manter não ia nada bem. Eu podia sentir no ar – exatamente como Phil Collins fala naquela música que tem um longo solo de bateria – e comecei a ficar ansiosa. Lidei com a ansiedade do mesmo jeito que lidava com todas as outras coisas na minha vida: mergulhei ainda mais fundo no trabalho. Minha agenda já cheia ficou lotada. Eu não tinha sequer consciência do que estava tentando fazer. Talvez tenha dito a mim mesma que se parasse de pensar que algo ruim aconteceria, então provavelmente não aconteceria.

Certa manhã eu acordei e notei que meu olho esquerdo estava piscando meio segundo mais lento do que o direito. Imaginei que estava cansada e que talvez precisasse de óculos. À tarde, minha língua começou a formigar e, em seguida, perdeu completamente a sensibilidade. Fui ao médico, preocupada com a possibilidade de estar tendo um AVC. Foi a primeira vez que ouvi falar da paralisia de Bell. Em uma busca rápida, o Google me informou que se tratava de uma paralisia, às vezes temporária, que causa danos aos nervos responsáveis pelo movimento dos músculos faciais. Em poucos dias eu não conseguia mais fechar o olho esquerdo, mexer a boca ou sentir qualquer coisa no lado esquerdo do rosto. Não sei por que a paralisia afeta apenas um lado, mas posso dizer que isso só contribui para o charme geral.

Tive que usar um tapa-olho – que, por sinal, é supersexy e o sonho de consumo de toda garota de 19 anos. Como não conseguia mexer os lábios, minha fala ficou arrastada e difícil de entender. Para mastigar, eu tinha que fechar a boca usando a mão se não quisesse que os alimentos escapassem e voassem até o chão.

O dano ao nervo provoca uma nevralgia muito dolorosa. Nessa época senti muita pena de mim mesma.

Embora isso tenha acontecido 15 anos atrás, eu lembro exatamente do que senti ao me olhar no espelho e ver meu rosto desfigurado. Lembro também que tentei – em vão – aplicar delineador e máscara nos cílios, como se a maquiagem de alguma forma fizesse a paralisia desaparecer. Na verdade, toda vez que eu me maquiava, chorava e borrava tudo. Passei semanas preocupada e deprimida com o prognóstico do médico de que a paralisia podia durar poucos dias ou meses. Não havia como saber.

Em retrospecto, nunca me vi como uma pessoa vaidosa. Nunca usei maquiagem ou fiz penteados especiais até ficar adulta, mas a paralisia me deixou hiperconsciente em relação à minha aparência. Fiquei muito deprimida. Só saía da cama para ir ao trabalho e, assim que voltava para casa, me enfiava debaixo das cobertas. Não tinha vontade de me levantar nem de atender o telefone. Nas raras ocasiões em que um amigo me convenceu a sair, fiquei mortificada com a maneira como as pessoas me olhavam e com a pena que sentiam quando eu tentava falar.

Em meio a tudo isso, a bala da qual eu estava tentando escapar encontrou seu alvo. Dave terminou comigo.

Sim, terminar o relacionamento com uma garota com o rosto paralisado não foi a melhor coisa que ele já fez, mas quero salientar que às vezes, quando estamos tentando nos entender, fazemos coisas estúpidas que ferem pessoas de que gostamos. Desde que nos reconciliamos (o que aconteceu quando meu rosto ainda estava torto, diga-se de passagem), ele tem sido um parceiro incrível. A questão é que fiquei gravemente doente tentando evitar algo inevitável. Um mês depois, quando a paralisia finalmente cedeu, fiquei mais do que agradecida, aliviada mesmo, pelo pior ter passado. Atribuí a experiência a um golpe de sorte único.

Alguns anos mais tarde, Dave e eu decidimos fazer nossa primeira viagem para a Europa. Ainda não tínhamos filhos e podíamos simplesmente fazer planos do tipo: "E se formos para a Europa?" Sem bebês, cachorros ou responsabilidades de verdade, pegamos um voo e visitamos igrejas antigas com os passaportes escondidos sob as roupas com medo de que nos roubassem.

Quando chegamos a Florença, a cidade era tudo o que sonhei que a Itália seria. Comemos montes de massa, caminhamos pelas ruas de paralelepípedos e namoramos muito. Passávamos tardes inteiras imaginando o futuro e que nomes daríamos aos nossos sonhados filhos ainda não nascidos. Foi uma das experiências mais românticas da minha vida.

Poucos dias depois, quando chegamos a Veneza, minha língua começou a ficar dormente.

Eu soluçava num quarto de hotel na Itália porque sabia que a paralisia tinha voltado. Nossas férias maravilhosas estavam sendo estragadas pelo estresse de tentar obter atendimento médico no exterior. Um aparte: usar o guia de conversação em italiano para explicar ao farmacêutico que eu precisava de um tapa-olho foi uma das coisas mais divertidas da minha vida! Além disso, graças ao tapa-olho e ao rosto paralisado, furamos todas as filas da alfândega. Tudo tem um lado positivo.

Sempre palhaços, eu e Dave fazíamos piadas sobre as vantagens de uma doença desse tipo. Por exemplo, fiz uma imitação *incrível* de Sammy Davis Jr.! As piadas sobre piratas também eram infinitas. Bingo! Mas, quando chegamos a Paris, a cidade que sempre sonhei conhecer, nem as piadas conseguiram me animar. Ao andar pelo Champ de Mars, percebi que a foto que sonhei tirar a vida inteira – eu em frente à Torre Eiffel – seria um lembrete eterno dessa doença. Por mais que eu deteste admitir, nunca senti tanta pena de mim quanto naquele momento. Nessa fotografia (que, aliás, você pode pesquisar no Google porque aparentemente não tenho medo de compartilhar fotos na internet), estou de pé sozinha diante da torre, toda agasalhada. De óculos escuros para tentar esconder o tapa-olho e séria, porque, como o sorriso só mexeria metade do rosto, preferi não arriscar.

Quando voltamos para casa, o médico me receitou esteroides e me encaminhou para um neurologista a fim de se certificar de que a paralisia não era sintoma de algo mais sério. Depois que os médicos não encontraram o tumor cerebral que eu tinha certeza que estava lá, recebi um prognóstico interessante. Nas duas vezes em que a paralisia surgiu, eu estava sob grande estresse. Como muitas mulheres, eu estava trabalhando muito e não cuidava bem de mim mesma. Argumentei que não devia ser isso. Afinal, eu tinha tido uma recaída durante uma romântica viagem de férias. Foi então que Dave observou que eram as primeiras férias que tirávamos em três anos. Duas semanas de folga depois de três anos trabalhando 60 horas semanais não conseguem relaxar uma garota. Além disso, eu estava me preparando para lançar um novo negócio, portanto, estava muito ocupada e aflita para provar que ia dar conta. Também estávamos tentando engravidar, e, apesar dos meus 24 anos, os meses passavam e nada de bebê. Em vez de gerenciar o estresse, aumentei o número de coisas para fazer.

Nosso corpo é incrível. Ele pode fazer coisas inacreditáveis, como, por exemplo, dizer exatamente do que precisa, se você estiver disposta a ouvir. E, se não estiver e tentar fazer coisas demais sem descansar, ele com certeza vai se desligar para obter o que precisa.

Há cerca de três anos comecei a ter vertigens. Eu me levantava da cadeira no trabalho e a sala girava ao meu redor. Eu passava a maior parte do tempo tonta e enjoada e tinha dificuldade para fazer foco. Durante semanas achei que precisava dormir mais, tomar mais água ou menos refrigerante. Quando fiquei mal a ponto de ter medo de dirigir com meus filhos no carro, decidi consultar um médico.

Fui a muitos.

Clínicos gerais, alergistas, otorrinolaringologistas... Ninguém conseguia descobrir o que eu tinha. Eu me alimentava bem. Era saudável. Corria maratonas, pelo amor de Deus! Todos concordavam que eu tinha vertigens, mas não conseguiam me explicar a razão.

Um dia, o otorrinolaringologista sugeriu que se tratava de uma vertigem sazonal provocada por minhas alergias. Como ninguém mais tinha uma ideia melhor, fiquei com essa. "Tome um comprimido para alergia todo dia", ele recomendou. Assim fiz.

Toda noite, sem falta, tomo meu comprimido. Às vezes, quando a tontura fica muito forte, tomo outro comprimido, o que me deixa um pouco sonolenta, mas pelo menos diminui a vertigem. Fiz isso durante mais de um ano e me resignei com o fato de que um pouco de tontura faria parte da minha vida para sempre. Não era nada grave, eu disse a mim mesma. Significava apenas que, em vez de dar 100%, agora eu teria de dar 130% para compensar o fato de não ser capaz de trabalhar tão rápido. Parece maluquice escrever isso, mas, na minha mente sempre focada em autossuperação, fazia todo o sentido.

Então, dois anos depois, ouvi falar de um médico homeopata especializado em vertigem. Eu nunca tinha ido a um homeopata na vida, mas, se alguém tivesse dito que eu poderia curar minhas náuseas com vodu e o sacrifício de um frango, eu teria considerado seriamente.

Marquei uma consulta com o homeopata, que usava rabo de cavalo e camisa de cânhamo orgânico, e tinha uma estátua de Ganesha em tamanho natural no consultório. Tentei manter a mente aberta enquanto ele falava para o vazio ao seu lado em vez de virado para mim. Contei toda a história de quando adoeci e como a doença me afetou, e ele fez centenas de perguntas sobre minhas emoções, minha infância e as razões profundas por eu me sentir de certa maneira. Eu não parava de pensar: *Quando ele vai prescrever algum medicamento? Por que ainda estamos falando sobre estresse? Para que serve a pequena coleção de cristais?* Antes de marcar a consulta com ele, imaginei que os homeopatas recomendavam que você parasse de ingerir açúcar, ou – Deus me livre! – de consumir laticínios porque isso bagunça com seus chacras ou com seja lá o que for.

Mas, depois de duas horas de falação, ele abruptamente me interrompeu e anunciou para a sala: "Chega. Eu sei o que está errado!"

Então ele me surpreendeu. Ressaltou que minha vertigem tinha surgido pela primeira vez quando eu estava muito estressada por causa de trabalho. E toda vez que piorava, a ponto de eu mal conseguir levantar a cabeça do travesseiro, era porque o estresse tinha aumentado.

Naquela vez que eu havia feito uma mudança grande na equipe do site Chic? Vertigem. Na outra vez em que fiquei animada para escrever meu primeiro livro contratado, mas depois passei a achar que estava horrível e que seria distratado e eu teria que devolver o adiantamento? Vertigem. Em cada situação, a vertigem era a resposta física a um problema emocional. *Uma resposta física a um problema emocional.*

Eu nem sabia que nosso corpo fazia isso!

Ok, eu sabia tanto quanto uma mulher temente a Deus, respeitadora das leis, que assistia ao programa da Oprah e ouvia falar de autocuidado sabe, mas cresci no interior. Ganhei uma espingarda em meu aniversário de 13 anos. Podia estar em Los Angeles há 14 anos, mas minhas tendências práticas são atávicas. As palavras do médico me atingiram como água gelada, e agora que eu reconhecia que ele tinha razão, quis logo saber o que devia fazer para voltar ao normal.

– Vá para casa e não faça nada – disse ele.

– Desculpe, mas como assim?

– Vá para casa e não faça nada. Sente-se e assista à TV, passe um dia inteiro no sofá. Descubra que seu mundo não vai implodir se você não estiver a 160 km/h. Levante-se no dia seguinte e faça a mesma coisa.

Na verdade, querida leitora, as palavras dele me fizeram ter vontade de vomitar. Parece maluquice, e de fato é, mas a ideia de ficar à toa me deixa arrepiada. Mesmo quando estou em casa, sempre arrumo alguma coisa para fazer. Se não estou tomando conta das crianças, estou organizando a casa, arrumando o armário ou fazendo uma limpeza de pele.

"O que aconteceria se você parasse de se mexer?", ele me perguntou.

Balancei a cabeça em pânico. A imagem de um tubarão boiando na água do mar, imóvel, me veio à cabeça.

Tudo que consegui pensar foi: *Não sei, mas vai ser ruim.*

Pense nesses momentos de grandes mudanças. Pense em alguém segurando um espelho diante de seu rosto e fazendo você entender que não é realmente a pessoa que pensa ser. Eu passava os dias tentando elaborar maneiras de ajudar as mulheres a terem uma vida melhor. O tempo todo eu acreditava ser qualificada para ensinar isso porque era o que eu vivia. Mas eu não fazia a coisa mais fundamental que uma mulher precisa fazer antes de poder cuidar de qualquer outra pessoa: cuidar de si mesma!

Precisava mudar minha vida radicalmente.

Assim, eu me obriguei a parar de trabalhar tantas horas. Passei a ir ao escritório das 9h30 às 16h30 e fiquei surpresa ao descobrir que o mundo continuou a girar. Eu me forcei a descansar, a me sentar sem fazer nada. Isso me causava uma ansiedade gigante, então eu me servia uma taça de vinho e continuava sentada no mesmo lugar. Passei a fazer trabalho voluntário em um abrigo local para a população sem-teto. Comecei a fazer aula de hip-hop. Descobri que sou péssima dançarina, mas que gosto tanto das aulas que gargalho igual a criança durante uma hora. Eu estava em busca de alegria. De paz.

Parei de beber tanta cafeína. Passei a brincar mais com meus filhos. Fiz muita terapia. Então fiz mais um pouco. Rezei. Pesquisei todas as passagens da Bíblia que falam sobre descanso. Fui a mais jantares com minhas amigas. Marquei encontros com meu marido. Ensinei a mim mesma que é preciso viver um dia de cada vez, parar de pensar obsessivamente na próxima vitória e apreciar o momento. Aprendi a comemorar realizações, não com grandes festas e ostentações, mas com uma noite da pizza ou uma boa garrafa de vinho.

Reconheci meu próprio trabalho e as realizações da minha empresa, e aprendi a me tranquilizar com a consciência de que ficarei bem mesmo que essas coisas desapareçam amanhã. Estudei o Evangelho e finalmente compreendi que sou amada, valiosa e plena... da maneira que sou.

Aprender a descansar é um processo contínuo. Como qualquer outro comportamento duradouro, eu luto permanentemente contra o desejo de voltar ao papel que encarnei por tanto tempo. Dizem que o primeiro passo é admitir que você tem um problema, e há dois anos fiz exatamente isso. Aprendi que sou uma workaholic em recuperação, mas, ao longo desse processo, também aprendi que sou filha de Deus – e isso se sobrepõe a tudo.

COISAS QUE ME AJUDARAM...

1. ***Fiz terapia.*** Este poderia ser o primeiro item na lista de cada elemento que analisei, mas se aplica especialmente neste caso. Se não fosse por minha terapeuta, eu nunca teria compreendido a conexão entre minhas inseguranças da infância e minhas

realizações como adulta. Se não fosse por ela, eu nunca teria percebido que a energia de realização na verdade pode ser prejudicial. Terapia nunca é demais e, se eu tivesse o dinheiro da Beyoncé, a primeira coisa que faria seria pagar sessões de terapia para cada mulher que encontrasse. Peça que suas amigas recomendem um profissional de confiança ou peça uma indicação a seu ginecologista. Um médico que cuida da saúde feminina sabe o tipo certo de conselheiro para uma mulher. Acredite em mim.

2. ***Batalhei pela alegria.*** Trabalhe pelos momentos de diversão, de férias e até de rir sem controle. Faça uma caminhada, ligue para um amigo, tome uma taça de vinho, desfrute de um banho de espuma ou saboreie um almoço demorado. O trabalho estará lá quando você voltar, e algum tempo afastada pode recarregar suas baterias e fornecer a energia para você enfrentar a lista sempre crescente de coisas para fazer.

3. ***Reordenei minha lista.*** Quando peço às mulheres que façam uma lista de prioridades, em geral elas as enumeram sem problemas: filhos, parceiro, trabalho, fé, etc. A ordem pode mudar, mas os itens quase nunca mudam. Você sabe o que também quase nunca muda, independentemente do número de mulheres com quem eu fale? Mulheres que coloquem a *si mesmas* em sua lista de prioridades. Você deve ser sua principal prioridade! Está dormindo as horas necessárias, tomando água suficiente, seguindo a alimentação certa? Você não pode cuidar bem de outras pessoas se não cuidar primeiro de si mesma. Além disso, uma das melhores maneiras de garantir que você pare de tentar fugir de seus problemas é enfrentá-los de cabeça erguida.

CAPÍTULO 4

A mentira:

SOU MELHOR QUE VOCÊ

Preciso fazer uma confissão: eu raspo os dedões do pé.

Raspo mesmo.

No chuveiro, às vezes – não é sempre, veja bem – eu olho para baixo e vejo os dedões do pé exibindo pelos tão longos que daria para fazer uma trança. É constrangedor, mas uma rápida passada do aparelho de barbear devolve aos dedões sua habitual aparência sedosa e suave.

Essa não seria uma confissão épica da minha parte se um dia eu não tivesse debochado de uma colega na escola por fazer exatamente o mesmo. *Argh!* Eu me sinto uma idiota mesmo agora, 150 anos depois.

Amigas, vou fazer um retrato rápido de mim mesma na escola. Eu pesava dez quilos a mais, usava roupas de segunda mão e era presidente do grupo de teatro. Não era do tipo que zomba das outras pessoas; ao contrário, eu era *alvo* de zombarias. Mas houve uma única vez em que eu de fato fiz algo assim – a única vez que eu me recordo de ter efetivamente provocado alguém. Talvez seja por isso que eu lembro tão nitidamente. Talvez seja por isso que ainda me sinto tão envergonhada.

Vamos chamar a garota de Schmina.

Seu verdadeiro nome é Tina, mas estou tentando manter o sigilo.

Schmina parecia ter uma autoconfiança inabalável. Ela teve seios e senso de humor muito antes do restante do grupo, e era popular de uma maneira que eu nunca seria. Um dia na aula de inglês da Sra. Jachetti, quando deveríamos estar escrevendo um trabalho sobre Zora Neale Hurston, Schmina mencionou algo sobre raspar os dedões dos pés. Não sei por que ela falou isso... Imagino que as garotas populares compartilhem dicas de cuidados pessoais da mesma forma que o resto de nós mortais fala sobre o clima. Mas, enfim, apesar de eu não ter dito nada a ela diretamente, falei muuuuito alto sobre ela para minha melhor amiga mais tarde naquele dia: "Quem depila os pés? Pior: quem tem dedos peludos precisando ser depilados? Schmina deve ter algum tipo de doença glandular que está escondendo."

Que conversa ridícula! A maioria das pessoas já a teria esquecido, mas ela ainda me assombra tantos anos depois porque, enquanto zombava de Schmina e de seus dedos peludos, *eu tratava de raspar os meus!* Até hoje, Deus é testemunha, sempre que olho para o meu dedão e vejo que ele está meio cabeludo, penso em como fui uma adolescente idiota.

Falha número um da Rachel? Dedos peludos.

Falha número dois da Rachel? Hipocrisia.

Uma história sobre pés peludos, uma garota chamada Schmina e a angústia adolescente que eu deveria ter tratado com terapia anos atrás podem parecer os tópicos mais fúteis do mundo. Mas ouso dizer que o ato de criticar outras mulheres em geral se baseia em algo não menos fútil do que nossas inseguranças aos 14 anos.

Por que fazemos isso, senhoras? Por que fazemos fofoca? Por que criticamos umas às outras? Por que cumprimentamos as pessoas com a mesma boca pela qual as atacamos pouco depois? Isso nos faz sentir melhor? Zombar de alguém que ousou sair dos parâmetros que consideramos aceitáveis nos faz sentir mais seguras? Apontar as falhas alheias atenua as nossas?

É claro que não. Na verdade, as pedras que arremessamos nos outros na maioria das vezes são aquelas que foram jogadas em nós.

Alguma vez você já raspou os dedos dos pés?

O que eu realmente quero saber é se você alguma vez debochou de alguém. Já apontou para alguém e ignorou o fato de que outros três dedos da sua mão apontam para você mesma? Todas nós já passamos por essa experiência, mas isso não a torna aceitável. Diminuir os outros não eleva você. Reconhecer que todas as palavras têm poder – mesmo as sussurradas pelas costas – é como você molda o seu comportamento.

Algumas semanas atrás, havia uma mulher no voo de Los Angeles para Chicago em que eu estava. Ela e o marido viajavam com dois meninos. O mais novo tinha uns 4 anos e era a criança mais malcriada que já vi. Antes mesmo de o avião se afastar do solo, ele já estava gritando – e não estou falando de um resmungo ou de uma reclamação. Eu me refiro a verdadeiros uivos por ter que se sentar em vez de continuar correndo, como ele queria. A mãe teve que segurá-lo à força na cadeira durante pelo menos meia hora enquanto ele gritava para que o soltassem. Todo mundo no avião, eu inclusive, ficou irritado. Mas logo em seguida, quando me levantei para ir ao banheiro, vi por que ele tinha finalmente se aquietado: tinham lhe dado um grande saco de balas.

Amigas, vou ser honesta com vocês. Eu fiquei revoltada.

Para começar, como mãe rigorosa criada por pais rigorosos, ao ouvir a gritaria do menino, pensei: *Ai, meu Deus, não!* Fiquei pensando durante a decolagem que aquela mãe precisava disciplinar o filho, impor limites e ter o apoio do marido. Mas quando vi que ela havia recompensado seu mau comportamento, e ainda por cima com *açúcar* – Ai Jesus, me dê calma! –, continuei pensando: *Essa mulher não tem noção.*

Mais tarde, na esteira de bagagem, vi a família novamente. O menino de 4 anos era muito levado – pulava sem parar numa esteira de bagagem desligada, batia no irmão e corria em círculos enquanto todo mundo olhava. *Qual é o problema dessa mãe?*, continuei pensando. *Por que ela não o controla?!*

Então eu a vi de pé ao lado da esteira de bagagem... completamente exausta. Quando a olhei de verdade, percebi que ela estava quase chorando, parecendo desorientada e totalmente esgotada. O marido tinha a expressão atordoada enquanto o filho corria em círculos em torno deles.

Uma voz suave me lembrou: *Rachel, você não conhece a história deles.*

Fiquei muito desconcertada com a minha ignorância. Talvez o menino tivesse necessidades especiais que o impediam de controlar seus impulsos. Talvez fosse uma criança recém-adotada que sofrera em lares temporários a maior parte da vida – algo em relação a que eu deveria ser compreensiva, considerando o que passei. Talvez essa criança fosse apenas malcomportada e os pais estivessem tendo dificuldades para discipliná-la porque fora fácil lidar com o filho mais velho nessa idade. Qualquer que seja a razão, nunca vou saber – porque, em vez de perguntar ou oferecer o benefício da dúvida, eu a julguei antes mesmo de refletir por que as coisas eram desse jeito.

Mulheres julgando outras mulheres. Há um tempo que isso me incomoda. É um comportamento que venho tentando entender para traduzi-lo em palavras. Percebo que ele acontece de muitas maneiras, e aquela pobre mãe cansada no voo para Chicago me lembrou o que eu quero dizer:

Não é porque todos nós julgamos uns aos outros que vamos usar essa desculpa. Julgar é um dos impulsos mais desprezíveis e ofensivos que possuímos e nos impede de construir uma comunidade mais forte – ou mesmo de fazer parte de uma. O hábito de julgar nos impede de fazer amizades verdadeiras e positivas, assim como de nos conectar de maneira mais profunda e enriquecedora, porque estamos presas às suposições superficiais.

Senhoras, precisamos parar de julgar.

Da mesma forma, precisamos acabar com a compulsão de competir com todos que estão ao nosso redor.

Permita-me dar um exemplo disso também. Fiquei animada quando soube que algumas amigas iam correr a meia maratona feminina da Nike em São Francisco. Para algumas seria sua primeira corrida. Gostei mais ainda porque envolveria uma viagem de fim de semana. Imediatamente me convidei para o passeio. O plano era sair na sexta-feira, dirigir as cinco horas entre Los Angeles e São Francisco, fazer algum programa na cidade no sábado e no domingo correr e voltar para casa. Espere aí. Risque isso. *Elas* iam correr a meia maratona... Eu ficaria na lateral da pista torcendo e batendo palmas quando elas passassem correndo. Parecia interessante porque, afinal de contas, eu corro... e, mais do que isso, sou competitiva. Gosto de me desafiar. Gosto de participar de corridas longas e difíceis. Gosto de bater o meu recorde pessoal e de me esforçar para ser a melhor. O que *não gosto* e nunca tinha feito era torcer pelas outras pessoas, pois elas estariam fazendo algo que sou totalmente capaz de fazer. Eu não parava de pensar: *E se eu não precisar me colocar nesta situação? E se me tornar uma pessoa melhor tiver mais a ver com minha vontade de ajudar do que de competir?*

Fui então a São Francisco. Na verdade, *levei* todas de carro até lá porque percebi que a última coisa que eu ia querer se estivesse prestes a correr 21 quilômetros seria dirigir 640 quilômetros.

Vale a pena dizer que apesar de ter feito tudo isso e de ter me divertido com as garotas, nem sempre tive uma atitude positiva sobre atuar como líder da torcida. No domingo de manhã, quando todo mundo seguiu cheio de disposição para a largada, fui na outra direção, direto para o quilômetro oito do percurso. Depois de vinte minutos andando, percebi que seria difícil conseguir um táxi às seis horas da manhã de um domingo. Naquele momento me dei conta de que caminhar sozinha no escuro pelo centro de São Francisco foi uma das coisas mais idiotas que já tinha feito. A certa altura, pensei: *Viu, é isso que acontece quando você tenta ser boazinha – é assassinada nas ruas de uma cidade desconhecida!*

Sou bastante dramática quando estou com medo de morrer e ainda não tomei café.

Então decidi voltar e seguir até a linha de chegada, que parecia ser mais segura do que a caminhada até o quilômetro oito. Acontece que caminhar até a linha de chegada significava subir cerca de 32 ladeiras mais altas do que algumas montanhas que conheço. Cheguei suada e mal-humorada, arfando e resmungando da provação por que tinha acabado de passar: *Por que diabos concordei em fazer isso?*

Foi quando vi as primeiras atletas de elite chegando.

Corredoras de elite são aquelas supermulheres que completam a corrida em cinco minutos. Parecem guepardos ou gazelas voando baixo na pista e são realmente deslumbrantes de se ver.

Como alguém que fez 1 quilômetro a cada 7, 8 minutos na primeira maratona (corredoras de elite fazem 1 quilômetro em uns 3 ou 4 minutos), eu estava em êxtase. Como estou sempre muito atrás dessas atletas na corrida, nunca pude vê-las em ação. Dessa vez eu estava lá, vendo uma atleta atrás da outra, e me senti muito abençoada pela oportunidade. Não saí do lugar nas duas horas e meia seguintes e não parei de aplaudir corredoras desconhecidas. Bati palmas sem parar (meu talento como filha de um pastor finalmente se revelou!) e torci até a garganta ficar dolorida. Gritei todas as coisas que me incentivam quando estou correndo.

"É isso aí!"

"Falta pouco!"

"Você vai conseguir!"

E a última é algo que nunca ouvi, mas sempre digo a mim mesma quando a corrida fica difícil. Eu a gritei e repeti sempre que via alguém que parecia prestes a cair:

"Você passou por coisas mais difíceis do que isso. Não desista agora!"

Finalmente, naquele mesmo lugar, vi minhas amigas Katie e Brittany completando a primeira meia maratona da vida delas. Em uma foto que alguém tirou de nós, eu apareço gritando como uma maníaca e tentando não pular a cerca para abraçá-las. Fiquei muito orgulhosa, e ria e chorava como se a realização delas fosse minha também. Corri ao lado das duas pelo lado de fora da pista, empolgada com a alegria do momento, e ouvi Deus dizer muito claramente: "Imagine todas as coisas que você teria perdido hoje se estivesse aqui apenas por interesse próprio."

Eu não teria visto as corredoras de elite. Não estaria lá para testemunhar minha amiga Hannah fazer seu melhor tempo (21 quilômetros em menos de duas horas!). Não teria acompanhado Joy, que deixou minha torcida no chinelo. Depois de terminar a prova, ela gritou mais alto que todos os torcedores, estimulando os outros corredores. Não estaria lá para abraçar Katie e Brittany. Não teria visto nada disso... Eu teria corrido mais uma meia maratona, como tantas vezes antes, e não teria nada para mostrar, a não ser uma dose extra de orgulho e a banana que eles oferecem no final.

O primeiro passo para conseguir superar o desejo de julgar e competir é admitir que ninguém está imune. Alguns de nós julgam nos pequenos detalhes: no revirar dos olhos ao ver como outra pessoa está vestida, na testa franzida para o menino que se comporta mal no mercado ou nas suposições sobre a mãe que todos os dias pega o filho na escola de terninho, com uma expressão séria, tensa. Outras pessoas julgam de forma mais aberta: repreendem a irmã mais nova que tem opiniões diferentes, fofocam maldosamente com outras mulheres, publicam coisas agressivas nas redes sociais sobre pessoas que nem conhecem só porque elas agiram de maneira diferente do que consideram correto.

O segundo passo é reconhecer que só porque você acredita em alguma coisa não significa que ela é aceita como verdade por todos. Em muitos casos, o julgamento parte de uma sensação, como se você tivesse entendido tudo e os outros não. Quando julgamos nos sentimos mais seguras de nossas escolhas. A fé é um dos exemplos de mau uso desse raciocínio. Nós decidimos que nossa religião é a certa, portanto todas as outras devem estar erradas. Às vezes as pessoas julgam as outras dentro da mesma religião, ou até da mesma igreja, por não ser o tipo certo de fé cristã, católica, mórmon ou Jedi. Não conheço o princípio central de sua fé, mas o da minha é "Ame o próximo". Não é "Ame o próximo se ele parecer, agir ou pensar como você". Não é "Ame o próximo desde que ele use a roupa certa e fale as coisas certas".

Simplesmente ame a todos.

Sim, eu também acredito em atribuir responsabilidades a cada um, mas isso acontece dentro de uma comunidade e nos relacionamentos. A confiança no outro nasce na beleza da verdadeira amizade que faz você se sentar ao lado de sua amiga e perguntar com afeto se ela já analisou as próprias ações sob determinada luz. Atribuir a responsabilidade ao outro, quando ele é responsável, é um ato que surge do amor. O julgamento é um ato que surge do medo, do desprezo ou do ódio. Portanto, tenha cuidado para não mascarar seus julgamentos como algo capaz de apaziguar sua consciência.

Trabalhei incansavelmente nos últimos anos para criar um conteúdo que atenda às mulheres. Passei horas tentando descobrir exatamente o que as mulheres querem. Você sabe o que elas querem? Você sabe o que mais ouço, do que trata a maioria dos e-mails que recebo e quais são os conselhos mais pedidos? Amizade. Como fazer amigos. Como manter a amizade. Como cultivar relacionamentos valiosos, reais. É isso que as mulheres desejam. É isso que elas realmente querem e anseiam, e, se isso for verdade, temos que começar do começo.

Vamos começar do zero e treinar para manter a mente aberta. Desde o primeiro olá ou aperto de mão – e então pararemos de tomar decisões sem base em fatos e experiências. Vamos procurar o que temos em comum em vez de buscar as diferenças. Vamos ignorar coisas como cabelos, roupas, peso, raça, religião ou nível socioeconômico. Vamos prestar atenção em coisas como caráter, emoção, sabedoria e experiência. Talvez não seja fácil, mas garanto que vai valer a pena. Sua tribo está por aí e, se você ainda não a encontrou, eu desafio você a pensar que talvez suas amigas tenham um visual diferente daquele que você achou que teriam.

COISAS QUE ME AJUDARAM...

1. ***Amigas que não julgam.*** Muitas vezes ficamos parecidas com aqueles que nos rodeiam. Se suas amigas vivem fazendo fofocas e críticas, garanto que você vai começar a desenvolver esse hábito. Ao procurar uma comunidade de mulheres, busque aquela que quer se desenvolver, não se destruir.

2. ***Policiar-me.*** Se já temos o hábito de julgar (e vamos ser honestas, a maioria de nós tem), precisamos nos policiar. Quando me pego julgando alguém, me forço a parar e pensar em coisas boas sobre a pessoa em questão. Ao fazer isso, aprendo a olhar pelo lado positivo em vez de buscar o que é negativo.

3. ***Enfrentar a questão.*** Geralmente as críticas e fofocas têm origem nas profundezas de nossas próprias inseguranças. Descubra o que está acontecendo com você. O que a leva a atacar os outros? O primeiro passo para ser alguém melhor é ser honesta, realmente honesta, sobre o que a motiva.

CAPÍTULO 5

A mentira: AMÁ-LO É O SUFICIENTE PARA MIM

Eu me apaixonei na primeira vez que o vi.

Muito dramático? Provavelmente. Não sei se tive consciência disso naquele momento, mas a cena se desenrola com nitidez em minha memória.

Fui até o saguão para receber a pessoa que meu chefe iria atender às onze horas. Havia apenas um homem parado lá. Ele estava de costas para mim, as mãos nos bolsos e, no ombro, uma bolsa de couro estilo carteiro bastante gasta.

A bolsa foi a primeira coisa que notei.

Lembro que achei bacana aquele cara usar uma roupa formal, mas carregar uma bolsa de couro surrada em vez de uma pasta.

"Com licença", falei ao cruzar o saguão. "Você veio para a reunião com Kevin?"

Na minha cabeça, ele se vira em câmera lenta. Minha memória

se ilumina quando vejo seu rosto. Ele sorri e estende a mão para me cumprimentar. O momento dura uma eternidade, então volta como um elástico. A cena acelera e retorna ao momento atual.

Algo acabou de acontecer, lembro-me nitidamente de pensar. Fiquei empolgada e ao mesmo tempo assustada. Ele era mais velho e totalmente fora do meu mundo. Ainda assim, eu me peguei pensando: *Quem sabe...*

Talvez tenha sido por isso. A curiosidade sobre ele não me deixou. A ponto de me surpreender e me fazer desejar estar vestindo algo mais interessante do que uma saia preta longa e uma camiseta larga também preta.

Não era a primeira vez que eu falava com ele, porque ele ligava com frequência para o meu chefe. Era a primeira vez que o via pessoalmente. Eu não tinha ideia de como ele era, muito menos de que era tão bonito – e o que *era* uma relação profissional logo se transformou em flerte.

É importante registrar que eu tinha zero experiência com homens. Havia sido contratada como estagiária no meu primeiro ano de faculdade. Eles me ofereceram um emprego naquele verão e eu imediatamente abandonei a faculdade para aceitar. Tinha acabado de completar 19 anos e só havia beijado uns dois garotos no ensino médio. Nunca tivera um relacionamento de verdade nem nunca fora a um encontro. Eu podia ser madura em termos profissionais, mas, quando se tratava de romance, tinha a experiência de uma ameba.

Nosso relacionamento evoluiu por e-mails e também por olhares nos encontros profissionais. Preciso confessar que eu usava a identidade de minha irmã mais velha para, como todo mundo, tomar uma taça de vinho nos eventos. Por conta do meu trabalho, ele nunca pensou em perguntar minha idade. Eu também não ofereci voluntariamente a informação.

Vale ressaltar ainda que ele tem oito anos a mais e muitas experiências de vantagem sobre mim.

Ele me chamou para sair. Seria o meu primeiro encontro de verdade e passei dias decidindo o que vestir. Quando cheguei, fiquei um pouco surpresa ao ver que ele estava vestido de maneira casual. Hoje vejo que a preparação dele para o encontro comparada com a minha foi reveladora, mas só vi isso depois.

Caminhamos até um pequeno restaurante italiano. Tentei parecer calma, embora por dentro eu surtasse por estar em um *encontro*! Eu estava muito nervosa, apreensiva com a possibilidade de ele tentar segurar minha mão ou me beijar, ou ambas as coisas! Eu não sabia como lidar com esse tipo de situação com elegância e rezei fervorosamente para não ser obrigada a descobrir como reagiria.

Fomos acomodados em uma mesa. Pedimos uma garrafa de vinho.

"Espero que você não seja uma daquelas garotas que não comem nos encontros", disse ele, rindo.

Aquilo me incomodou. Afinal, o tipo de garota que eu era ainda não fora determinado. Não gostei da comparação nem do lembrete de que aquele não era o primeiro encontro dele.

Reagi comendo mais da metade da pizza que estávamos dividindo. Ele falou sem parar sobre si mesmo durante duas horas. Não me importei. Estava encantada.

Naquela noite, quando ele me acompanhou até meu carro, achei que fosse passar mal. Eu tinha 99% de certeza de que ele tentaria me beijar, e eu não era o tipo de garota que beija no primeiro encontro. Quer dizer, eu não tinha botado em prática essa teoria, mas ela parecia fazer sentido. Por isso, quando me virei, depois de colocar a bolsa no banco da frente, e vi que ele estava se inclinando, imediatamente estiquei os braços para impedi-lo de se aproximar – muito elegante mesmo – e gritei: "Não me beije!"

Ele parou, como um animal na estrada surpreendido por faróis, e riu com seu jeito sexy e másculo.

– Eu ia te dar um abraço – afirmou. Então pegou minha mão e a apertou com firmeza. – Mas, por via das dúvidas...

Foi uma atitude tão charmosa que eu queria morrer. Fiquei totalmente envergonhada. Liguei o carro e saí dali meio em choque, meio apaixonada. Tive certeza de que me casaria com aquele homem.

Depois de sair para comer pizza e beber vinho barato, estávamos oficialmente namorando... ou, pelo menos, achei que sim.

Eu não sabia que existiam regras.

Aliás, nem sabia que se tratava de um jogo.

Logo depois daquele primeiro encontro, ele me chamou novamente para sair. Dessa vez para tomar sopa em um restaurante ultrabadalado na época. Só em Los Angeles você convida alguém para sair e leva num lugar da moda que serve sopa e ninguém acha estranho.

Uma semana depois ele me perguntou quando eu tinha me formado na faculdade, porque, acreditem, eu ainda não havia contado quantos anos tinha. Eu intuía que ele não ia ficar feliz com a nossa diferença de idade. O e-mail no qual respondi (porque isso aconteceu antes das mensagens de texto) começou com: *Bem, isso vai ser interessante...*

Ele tirou de letra. Disse que eu era como o Doogie Howser da série de TV *Tal pai, tal filho*. E eu me *sentia* mesmo uma espécie de criança prodígio porque não só tinha um emprego como também estava em um relacionamento de verdade com um adulto. Eu não sabia na época, mas do outro lado do e-mail o *adulto* estava muito infeliz.

Mas isso ficou claro no encontro seguinte: eu era jovem demais, inexperiente demais e ele não queria ser o cara que me magoaria.

Você vai acreditar se eu disser que não ouvi nada do que ele falou? Quer dizer, meus ouvidos estavam funcionando perfeitamente, mas meu cérebro não era capaz de processar a ideia. Fiquei pensando: *Como você poderia me magoar? Nós vamos nos casar, ter filhos e vai ser incrível!*

Quer dizer... santo coraçãozinho ignorante.

Ele resistiu, mas eu estava obstinada. Pensei que tinha maturidade para lidar com as coisas. Passei rapidamente da situação de nunca ter namorado ninguém para dormir todas as noites no apartamento dele. A bem da verdade, vou esclarecer: àquela altura não estávamos fazendo sexo... embora, honestamente, isso fosse apenas um detalhe.

Você deveria admitir tudo isso ao escrever um livro. Não sei. O que sei é que não sou a única "boa garota cristã" que se apaixonou por um homem e jogou pela janela todos os ideais em que sempre acreditou porque nada para ela importava mais do que ser amada por ele.

Depois de um mês juntos, fomos a uma festa na casa de um amigo meu e, como eu era uma garotinha boba, apresentei meu namorado a todo mundo naquela noite.

"Este é o meu namorado. Já conheceu meu namorado? Quem é ele? Ah, é só o meu *namorado*!"

Ai, eu me encolho de vergonha quando lembro. Também estremeço quando penso no dia seguinte, em que ele se mostrou claramente chateado comigo, mas não dizia a razão. Continuei perguntando até que ele afinal desabafou sua frustração. "Você nunca se comportou de acordo com sua idade, mas ontem à noite foi como se estivesse escrito na sua testa."

Essa doeu.

Por um lado, ele estava certo. Sempre fui muito madura e profissional no trabalho quando começamos a sair, mas eu desconhecia algumas regras. Não sabia que não se pode chamar um cara de namorado sem conversar com ele antes. Ingenuamente, acreditei que se a pessoa viu seus peitos e vocês saíam regularmente para jantar isso significava que eram um casal. Justificava minhas escolhas porque pensava que elas faziam parte de nossa história maior. Enquanto isso, aquele homem nem sequer achava que estávamos *namorando*.

A Rachel que hoje tem 34 anos consegue ver tudo isso com clareza. Aos 19 anos, eu estava apaixonada e insegura, então encontrava uma justificativa para tudo que ele dizia ou fazia que me magoava.

É complicado escrever sobre isso. Vai ser difícil para meu marido ler. Dave hoje é muito diferente daquele homem e vai ser duro para ele saber – em detalhes que nunca compartilhei – o quanto me magoou a maneira como ele me tratou.

Mas eis a questão: não sou a única mulher que já permitiu que um homem a maltratasse. É importante contar minha história porque acredito que algumas mulheres talvez estejam vivendo situações parecidas. Assim como eu, talvez tenham se embrenhado tanto na floresta que não consigam mais ver as árvores. Ao contar a minha história e a minha verdade, espero poder ajudar outras pessoas a fazer escolhas melhores do que eu, ou a ver a própria realidade como ela realmente é.

Porque a feia e dura realidade é que eu era uma transa casual.

A filha do pastor, aquela que nunca tinha namorado ninguém, a comportada garota conservadora... *Eu* ia à casa desse homem todas as noites que ele me chamava e fingia que não ficava chateada com o fato de ele não me ligar durante o dia.

Quando estávamos juntos, ele era tão doce e amoroso que isso me bastava e me fazia aguentar os períodos em que ele sumia. Nas raras ocasiões em que o encontrei em um bar, seus amigos me ignoravam, ou, pior, se referiam a mim como "a garota de 19 anos", e, mesmo ele não fazendo nada para me defender, eu arrumava um jeito de desculpá-lo. Era como a gorducha da escola que zomba de si mesma antes que outra pessoa o faça... Eu agia como se estivesse participando da brincadeira, como se *fosse uma piada*, como se não valesse a pena ser defendida. Quando ele flertava com outras meninas na minha frente, ou me convidava para ir a algum lugar e me ignorava a noite inteira, eu dizia a mim mesma para não ligar. Ele reagiu tão mal quando o chamei de namorado que entendi que, se tocasse novamente no assunto, seria vista como grudenta. Eu aceitava quaisquer migalhas que ele me desse – e o pior é que ainda ficava *feliz* por recebê-las.

Escrevo estas palavras chorando.

Não chorei quando escrevi o capítulo sobre a morte de meu irmão ou sobre o sofrimento da minha infância – mas isso dói. Fico muito triste por aquela garota que não conhecia nenhuma forma de amor melhor. Fico arrasada por ninguém tê-la preparado para a vida nem lhe ensinado a amar a si mesma, de modo que não estivesse tão desesperada a ponto de aceitar qualquer forma de amor. Fico triste por ela ter precisado descobrir isso sozinha. Fico decepcionada por ela ter levado tanto tempo para fazer isso.

Aquilo se arrastou por um ano – um ano inteiro de *o que você quiser, o que precisar, o que achar melhor*, um ano em que tentei *tudo* que me ocorria, tentei *ser* tudo que ele queria. Atenciosa, mas não grudenta. Bonita, mas sem afetações. Engraçada, inteligente e descolada. Simpática com os amigos dele mesmo quando eles me tratavam como lixo. Carinhosa e atenciosa quando ele me queria por perto, e nunca o importunando quando ele não ligava para mim. No fim de um ano, quando a empresa dele foi transferida para outro estado e nosso já tênue relacionamento se viu ameaçado, minha virgindade passou de um detalhe técnico a inexistente. Foi o último recurso de que lancei mão para segurá-lo.

Não funcionou.

Dois meses depois da mudança, ele voltou para terminar nosso relacionamento.

Ele queria um rompimento amigável. Precisava realmente criar raízes em sua nova cidade, explicou. Ele gostava de mim, acrescentou. Só não ia funcionar, afirmou. Mas seríamos sempre amigos.

Revejo a cena perfeitamente em minha cabeça, embora não a relembre em detalhes com frequência, pois foi muito dolorosa. Minha cama estava coberta por um edredom rosa e laranja, e eu me sentei no centro dela e chorei. A lembrança me faz baixar a cabeça e deixa o meu coração estraçalhado. Talvez você leia este capítulo e sinta raiva pela maneira como aquele homem me tratou, ou pela posição em que eu mesma me coloquei, mas eu não percebia nada disso.

Eu não tinha o menor orgulho.

Sentada no meio daquele edredom neon, em vez de me manter firme, implorei que ele não me deixasse.

Ele foi embora mesmo assim.

Chorei até adormecer naquela noite.

Na manhã seguinte, entrei no carro e dirigi duas horas até a cidade onde nasci para passar o Dia de Ação de Graças com minha família. Foi um dia horrível. Você pode imaginar o tipo de conversa que fui obrigada a ter com minhas bem-intencionadas tias conservadoras, tendo acabado de levar um fora.

Quando peguei o carro para voltar para casa naquela noite, vi que tinha recebido uma mensagem de voz. Por algum motivo eu sabia que ele ia me ligar naquele dia – era a nossa rotina, afinal. Ele fazia algo que me magoava, eu aceitava e esperava seu telefonema para ver ele tentar mais uma vez.

Adiei ouvir aquela mensagem durante as duas horas que levei para chegar em casa. Só então a escutei. Ele só queria se certificar de que estava tudo bem comigo, disse.

Foi revelador para mim. Nunca tive tanta clareza, nem antes nem depois. Ali no meu apartamentozinho ordinário em Hollywood, vi nossa relação como um mapa diante dos meus olhos. Ali estava o local em que nos beijamos pela primeira vez. O desvio das duas semanas em que ficamos sem nos falar depois que o chamei de namorado. A noite em que ele flertou com as garotas mais populares do trabalho na minha frente. O dia em que ouvi pela primeira vez a frase: "Nós não estamos juntos, mas de certa forma estamos." Vi essa frase e outras banalidades espalhadas como cápsulas de balas ao longo do caminho. Ali estava a primeira vez que ele ligou e pediu que fosse encontrá-lo depois de se embebedar em um evento para o qual eu não tinha sido convidada.

Durante um ano eu só olhara para as partes bonitas do nosso relacionamento. Pela primeira vez, me obriguei a ver o que realmente estava ali.

"Quem é você?", perguntei ao meu quarto vazio.

Mas essa era a pergunta errada. Eu não queria saber quem eu era, e sim em quem eu havia me transformado.

Talvez você se surpreenda ao saber que não o culpo por nada do que aconteceu naquele ano. Embora fosse um adulto, ele tinha os próprios problemas. Era jovem e imaturo à sua maneira. As pessoas tratam você com o respeito que você lhes permite, e nossa relação disfuncional começou na primeira vez em que ele me tratou mal e eu aceitei.

Retornei a ligação exatamente como tinha feito centenas de vezes antes. Mas dessa vez eu me sentia totalmente calma. Não estava ansiosa com o que ele podia pensar, nem empolgada por falar com ele. Quando ele atendeu, foi logo perguntando como eu estava me sentindo e se tinha me divertido com minha família – como se fôssemos velhos amigos conversando, como se ele não tivesse me eviscerado no dia anterior.

– Ei – eu o interrompi.

Ele se calou. Gosto de acreditar que algo em meu tom o fez

se deter, mas talvez tenha sido só a surpresa porque eu nunca o havia interrompido antes.

Com calma e sem qualquer drama, eu disse a ele:

– Acabou para mim. Você acabou. Não me ligue nunca mais.

Não foi uma tentativa de chamar atenção ou de me fazer de difícil. Cada palavra refletia o que eu sentia.

– Por quê? – perguntou ele, engasgado.

– Porque não mereço ser tratada assim. Porque não posso ficar indo e voltando. Porque não gosto de quem me tornei... mas principalmente porque você disse que éramos amigos. Todo esse tempo, independentemente do que aconteceu, você me disse que eu era sua amiga. Não quero ser sua amiga, se é assim que você trata seus amigos.

Cada uma daquelas palavras foi dita com todas as fibras do meu ser. Encerrei a ligação e desliguei o telefone. Escovei os dentes e coloquei o pijama. Fui para a cama e me enfiei embaixo do edredom rosa. Dormi em paz e sem chorar pela primeira vez em meses. Lembro daquela noite como a primeira vez em que me senti uma mulher adulta.

Acordei com alguém tocando a campainha.

Esta é a melhor parte da história. O momento que parece um filme ou um livro romântico.

É aqui que eu conto que acordei e encontrei meu marido do outro lado da porta.

O homem que me tratava mal, que me enrolou e que não conseguia tomar uma decisão estava perdido em algum lugar entre a casa dos pais e meu apartamento na noite do Dia de Ação de Graças. Sei que parece dramático, mas foi isso que aconteceu. Classifico tudo em nosso relacionamento como *antes ou depois* desse momento: o renascimento de nossa história de amor.

E essa é mesmo uma história de amor. Nosso relacionamento é a maior dádiva da minha vida. Dave é o meu melhor amigo, a primeira pessoa que realmente cuidou de mim, e tive a honra de vê-lo amadurecer e se transformar em um marido, pai e amigo maravilhoso.

Mas nenhuma história é perfeita.

Poucos caminhos para o amor são fáceis de percorrer, e o nosso não foi exceção. Mas acho importante dizer que, apesar de nossa história não ter sido fácil, os 14 anos que se passaram desde aquele primeiro e horrível ano superaram completamente os erros cometidos por ambos. É importante para mim contar esta história porque é a nossa história. Meu marido foi corajoso e humilde ao me apoiar na decisão de contar tudo, na esperança de que nossa história pudesse ajudar alguém. Também é importante entender que eu não acredito que é assim que as coisas costumam acontecer.

Abrir a porta naquela noite e encontrar Dave implorando por outra chance parece especial porque de fato foi. Mas é mais provável que, quando você permite que alguém a maltrate, a pessoa continue agindo da mesma maneira. Se você não for capaz de se valorizar, ninguém o fará. Hesitei em contar como tudo terminou porque não queria que ninguém usasse nossa história como desculpa para permanecer em um relacionamento nocivo, na esperança de que ele venha a se tornar saudável. Nossa história terminou bem, mas isso não teria acontecido se eu não estivesse disposta a sair dela. Naquela noite, cheguei ao limite. Não poderia mais viver um dia sem me respeitar. Não poderia ficar com alguém que não me valorizasse. Às vezes, escolher ir embora, mesmo que signifique partir o próprio coração, pode ser o maior ato de amor-próprio.

O que mais posso dizer? O que posso lhe oferecer como ideia ou conhecimento? O que espero que você absorva neste capítulo? Espero que, caso você se identifique com a minha história, ela lhe sirva de espelho. Espero que você se distancie das árvores o suficiente para ver a floresta. Espero que as mulheres que passaram por algo parecido e se sentem culpadas mesmo depois da história terminada saibam que não estão sozinhas.

Muitas mulheres cometem erros, fazem coisas de que se arrependem ou se tornam versões de si mesmas de que não se orgulham. Muitas são as que sobrevivem e saem da experiência ainda mais fortes. Todo dia você escolhe quem você é e o que acredita sobre si mesma, e define os padrões para os relacionamentos em sua vida. Cada dia é uma chance para recomeçar.

COISAS QUE ME AJUDARAM...

1. ***Ter um interlocutor.*** Quando passei por essa fase, eu não tinha amigos próximos ou mentores que pudessem me aconselhar. Acho que, se tivesse conversado com alguém mais sensato, teria entendido antes o quanto meu relacionamento era doentio. Tenha cuidado quando a única voz de reflexão é a sua. Perdemos o discernimento quando estamos apaixonadas.

2. ***Estar preparada.*** Quando meus filhos forem adultos, vou lhes contar essa história. Sei que ela não retrata seus pais tão bem, mas quero que eles aprendam com a situação. Se eu fosse menos ingênua e tivesse mais autoestima, acho que teria visto nosso relacionamento como ele de fato era.

3. ***Analisar a situação com distanciamento.*** Se você contasse a história do seu relacionamento – tanto o lado bom quanto o ruim –, ela seria mais positiva ou negativa? Se um amigo ou estranho soubesse do meu relacionamento, e se eu lhe relatasse tudo aquilo que me magoava, não consigo imaginar outra coisa a não ser ele me sacudindo até eu acordar. Imagine

outra pessoa descrevendo seu relacionamento para você. Ela diria que seu relacionamento é saudável? Se a resposta for não, ou mesmo se você tiver alguma dúvida, peço que analise mais profundamente esse relacionamento.

CAPÍTULO 6

A mentira:

"NÃO" É A RESPOSTA DEFINITIVA

Quando me convidam para fazer uma palestra em uma conferência, geralmente escolho o que vou falar. Às vezes falo sobre negócios, sobre a vida ou sobre uma área mais específica, como planejamento de eventos. Mas uma coisa que a maioria de minhas palestras tem em comum – o tema em que eu realmente me considero uma especialista – é sobre ouvir um não. Sinceramente, ouvi tantas negativas de maneiras diferentes, dadas por pessoas de todos os tipos, que às vezes parece que a própria *vida* está me dizendo não. Sou especialista em rejeição – ou, mais especificamente, sou especialista em me recuperar da rejeição e lutar para alcançar meu objetivo.

Se há algo que posso oferecer com a leitura deste livro, é que "não" só é uma resposta se você o aceitar. Portanto, permita-me usar este capítulo para – assim espero – acender esse fogo em você. Quero que se sinta tão empolgada que mal consiga suportar. Quero que tenha uma daquelas noites em que fica acordada até uma da madrugada escrevendo listas de grandes sonhos e planos. Sabe aquela noite em que você está tão animada que não consegue relaxar e acaba tendo que tomar um remédio para dormir?

É essa!

Quero que estas palavras a deixem *muito* entusiasmada. Espero que parte do meu entusiasmo a contagie – o que aconteceria mais facilmente se estivéssemos em uma palestra presencial –, mas prometo usar muitas palavras em itálico para dar *ênfase* e contar tudo sobre a palavra *não* e o papel que ela teve em minha vida.

Esperei anos pela oportunidade de explicar minha relação com a rejeição... a vida toda, talvez.

Há seis anos a *Inc. Magazine* me indicou como uma das 30 empresárias mais importantes com menos de 30 anos. Ulalá!

Foi uma grande honra (claro, visto que ainda estou falando sobre isso), mas o que é realmente interessante, e que a maior parte das pessoas não sabe, é que ao receber um prestigiado título como esse você começa quase imediatamente a ganhar centenas de milhões de dólares por ano.

Brincadeirinha!

Não, o que acontece é que cada faculdade em um raio de 200 quilômetros começa imediatamente a ligar e convidar você para conversar com os alunos. Como não parei de falar desde o momento que aprendi a fazer isso, é claro que aceitei todos os convites. Cada palestra durava cerca de uma hora, sendo que na primeira meia hora eu falava sobre minha carreira e minha empresa e nos trinta minutos finais respondia a perguntas. Depois de um tempo, eu podia prever o minuto em que ouviria a clássica pergunta: "Oi, Rachel" – era como sempre começavam –, "você pode nos contar o segredo do seu sucesso? Por exemplo: o que realmente lhe dá uma vantagem sobre os outros?"

Em primeiro lugar, Deus abençoe a juventude. Deus abençoe essas crianças que acreditam que uma vida de correria e trabalho, de esforço e estresse, de criação e desenvolvimento de uma empresa, pode ser resumida em uma única resposta.

Mas eu tentava.

No início, quando me faziam essa pergunta, eu dava respostas genéricas: trabalho árduo, dedicação, fazer-se indispensável, blá-blá-blá. Mas, conforme visitava escolas e percebia que essa era a pergunta que sempre se repetia, decidi que seria melhor descobrir a verdade. Então, comecei a me questionar.

Como cheguei a essa enorme plataforma e conquistei essa quantidade de fãs? Como consegui publicar meus livros e ser convidada para programas na TV? Por que *eu* estava ali, em pé na frente da sala de aula, respondendo a perguntas? Por que não outra pessoa?

Acho que o lugar óbvio para começar são as conexões da minha família.

Depois de me formar na Universidade Yale e em seguida na Harvard Business School, comecei a trabalhar na empresa de petróleo da minha família. Em seguida entrei para a sociedade da Texas Rangers para então estar à frente do governo desse grande estado e por fim – quer dizer, quase todos sabem que meu pai é um ex-presidente, então quando decidi concorrer à presidência... Espera, não, essa pessoa não sou eu.

É George W. Bush!

Só para lembrar: cresci em um lugar chamado Weedpatch. Um nome que não era simpático nem aos moradores. Um nome que é, literalmente, um apelido em qualquer mapa que queira incluí-lo. O fato é que as conexões familiares não são o segredo do meu sucesso.

Na verdade, depois que me mudei para Los Angeles, fiz alguns amigos influentes na indústria do entretenimento. Paris Hilton e eu nos tornamos muito próximas. Mais tarde, namorei Ray J (lembram dele?) e isso realmente me elevou ao status de celebridade. Usei a atenção obtida com esse relacionamento para conseguir meu programa no canal E! e então ganhei milhões em publicidade. Quando Kanye me pediu em casamento, bem... Espera aí, nada disso. Essa é Kim Kardashian.

O segredo do meu sucesso não é o status de celebridade.

Brincadeiras à parte, meu sucesso tem muito a ver com acordar cedo, ser a mais esforçada do grupo, pedir ajuda e ser capaz de falhar repetidamente e trabalhar sem parar para melhorar tanto a mim mesma quanto minha empresa. Mas muita gente faz tudo isso e não alcança o mesmo sucesso que eu.

Você quer saber como eu consegui? Por que estou escrevendo este livro neste momento quando outras pessoas que tentaram fazer exatamente a mesma coisa não conseguiram?

Simples.

Não é uma questão de talento, habilidade, dinheiro ou conexões.

A razão é que quando essas pessoas foram atrás de seus sonhos e encontraram um obstáculo, ou quando foram rejeitadas ou alguém lhes disse não... elas ouviram.

Sou bem-sucedida porque me recusei a aceitar um não como resposta. Sou bem-sucedida porque nunca acreditei que meus sonhos deviam ser gerenciados por outra pessoa. Essa é a parte incrível a respeito dos sonhos: ninguém tem o direito de lhe dizer o tamanho que eles podem ter.

Quando se trata dos seus sonhos, a palavra *não* não vale. *Não* não é um motivo para parar. Ao contrário, penso nela como um desvio ou um sinal de preferência de passagem. *Não* significa *entrar na estrada preferencial com cuidado*. Funciona como um lembrete para diminuir a velocidade, reavaliar sua posição e analisar como a nova posição pode prepará-la melhor para o seu objetivo.

Em outras palavras, se você não pode entrar pela porta da frente, tente a janela lateral. Se a janela estiver bloqueada, talvez você possa descer pela chaminé. *Não* não significa parar, significa apenas uma mudança de rota para alcançar seu objetivo.

Reconheço, porém, que nem todo mundo encara o *não* da mesma forma que eu. A fim de inspirar você a correr impetuosamente atrás de seus sonhos, talvez eu tenha que mudar sua percepção do *não*. Vou fazer de tudo para ajudá-la a chegar lá... começando com a seguinte pergunta:

E se a vida não estiver acontecendo para você?

E se as dificuldades, as surpresas, o amor, a alegria, a esperança, o medo, a bizarrice, o humor e as coisas que a deixam deprimida a ponto de você só querer ficar deitada chorando e pensando: *Como cheguei a este ponto?...* E se nada disso estiver acontecendo *com você*?

E se tudo isso estiver acontecendo *para* você?

É tudo uma questão de percepção.

Perceber significa não ver as coisas como elas *são*, mas vê-las do *nosso* ponto de vista. Tomemos como exemplo uma casa pegando fogo. Para um bombeiro, uma casa em chamas é um trabalho, talvez até mesmo sua missão de vida. Para um incendiário, uma casa em chamas é algo empolgante e bom. E se for a sua casa? E se for a sua família que está do lado de fora observando todos os seus bens materiais queimarem? A casa pegando fogo se torna algo totalmente diferente.

Você não vê as coisas como elas *são*, mas através da lente do que você pensa, sente e acredita. Percepção é realidade e eu estou aqui para dizer que a sua realidade é colorida mais por suas experiências anteriores do que pelo que está acontecendo no momento. Se o seu passado lhe diz que nada dá certo, que a vida está jogando contra você e que você nunca terá sucesso, qual é a chance de você continuar lutando por algo que deseja? Por outro lado, se você parar de aceitar o não como palavra final sempre que encontra oposição, pode mudar sua percepção e remodelar toda a sua vida.

Tudo que faz parte da sua vida – a gratidão, a maneira como você gerencia o estresse, como é gentil com os outros, o quanto está feliz – pode ser alterado por uma mudança na sua percepção. Não tenho um livro inteiro para dedicar a este tema, então hoje vou focar apenas em seus sonhos. Vamos falar sobre seus objetivos de vida e o que você pode fazer para alcançá-los.

Você precisa especificar seus objetivos. Tem que gritar seus sonhos e suas esperanças como o jogador de beisebol Babe Ruth fazia antes de lançar a bola. Você precisa ter coragem para se levantar e afirmar: "Isto aqui é meu!"

Antes de continuar a leitura, reserve alguns momentos para se concentrar em um sonho em especial. Pegue um pedaço de papel e descreva esse sonho. Talvez você acabe descrevendo dez sonhos... podem ser pequenas coisas sem importância, mas continue escrevendo até a verdade aparecer. Vamos lá, garota – ninguém está vendo. Não há ninguém aqui para julgar.

Sugestão: música de elevador.

Muito bem. Já escreveu o seu sonho?

Ótimo! Talvez essa seja a primeira vez que algumas de vocês admitem esse sonho para si mesmas. Mas posso apostar que a maioria já conhecia esse sonho, mesmo que nunca tenha tido a coragem de colocá-lo no papel.

Olá, velho amigo.

Talvez ele a acompanhe desde a infância... Talvez seja algo em que você está trabalhando atualmente... Talvez você tenha se dedicado a ele, mas desistiu. De qualquer forma, se você ainda tem esse sonho, então as chances são de que tenha sofrido algum tipo de rejeição relacionada a esse sonho. Assim, minha primeira missão é mudar a maneira como você encara a palavra *não* – acabar com o medo que tem dela. Esse medo está direcionando suas escolhas e afetando suas decisões, então vamos eliminá-lo. A melhor maneira que conheço para fazer isso é falar sobre ele.

A Bíblia fala em trazer à luz o que está oculto nas trevas. Quando permitimos que coisas fiquem ocultas nas trevas, quando temos medo de falar em voz alta sobre elas, nós lhes damos poder. As trevas permitem que esses receios se proliferem, cresçam e fiquem mais fortes. Se você nunca externa os seus medos, como é possível dispersá-los?

Por que você acha que cada capítulo deste livro começa com uma mentira em que eu costumava acreditar? Porque quero encorajá-la a contar para todo mundo as suas próprias mentiras. O problema é que raramente sabemos que são mentiras até que alguém as aponte ou que nós as superemos. Antes de poder nomeá-las, elas simplesmente se disfarçam como coisas de que temos medo. Pense nisso.

Portanto, vamos acabar com o medo. Vejamos algumas razões pelas quais as pessoas abrem mão de seus sonhos. Quero que se pergunte se algum desses exemplos se aplica a você.

Algumas pessoas desistem porque uma voz de autoridade manda. *Voz de autoridade* pode ser quase qualquer coisa... Talvez seu primeiro chefe tenha dito que você não era a pessoa adequada para aquele emprego dos seus sonhos, e você acreditou. Talvez seu pai ou sua mãe – por amor, medo, precaução ou questões próprias – tenha dito que não se arriscasse. Talvez seu cônjuge, companheiro ou melhor amigo estivesse com medo do que poderia acontecer ao relacionamento se você crescesse, e por isso tentou mantê-la ancorada. Talvez essa voz de autoridade tenha dito que você não era o tipo "certo" para a tarefa. Alguém pode ter dito que você estava gorda demais para treinar para uma maratona, ou que era muito jovem para abrir o próprio negócio, ou que era velha demais para aprender a dançar, ou ainda que era muito frágil para viajar sozinha.

Talvez essa voz de autoridade seja sua. Talvez a conversa negativa em sua cabeça esteja se repetindo a vida inteira.

Talvez uma indústria inteira de especialistas esteja dizendo que você não é adequada.

Sonho em ser escritora desde que entendi que os livros foram feitos por pessoas de verdade. Como a maioria dos aspirantes a escritor, comecei cerca de 73 manuscritos, mas nunca terminei nenhum. Então, há alguns anos, decidi parar de desistir... *Ao menos uma vez,* pensei. *Ao menos uma vez eu gostaria de saber como é ir até o fim!*

Assim comecei a trabalhar no meu livro sobre viagens no tempo com um viés de ficção histórica (por que não escrever nos fins de semana?). Inesperadamente, fui abordada por uma agente literária. (Ok, só para contextualizar, eu não estava assim tão fora do circuito. Afinal, era uma blogueira popular e tinha conquistado um monte de fãs, assim como bastante publicidade como cerimonialista de festas para celebridades nessa época.)

A agente perguntou se eu já tinha pensado em escrever um livro. Obviamente enviei trechos do meu romance histórico sobre viagens no tempo – o que, caso você esteja se perguntando, é basicamente o pesadelo de todo agente literário que se vê às voltas com um autor desconhecido e inexperiente. Então essa mulher, abençoada seja, leu as primeiras 20 páginas daquele desastre e educadamente me deu retorno uma semana depois informando que não era a área dela. Na verdade, ela tinha me procurado para saber se eu queria fazer um livro de não ficção sobre planejamento de festas. Como manifestei interesse em ficção, ela me perguntou se eu estaria interessada em escrever um *roman à clef*. Eu nunca tinha ouvido esse termo, mas uma busca rápida no Google me informou que se trata de ficção baseada em pessoas conhecidas. Basta mudar os nomes para evitar processos. Um grande exemplo é o *Diabo veste Prada*. O que a agente queria saber era se eu tinha histórias suficientemente interessantes depois de anos fazendo eventos para celebridades.

Puxa, se eu tinha!

Assim que desliguei o telefone, a história veio na hora.

Eu conhecia a história porque era a minha história. Eu tinha me mudado de uma pequena cidade sulista para Los Angeles quando era adolescente. Antes de ter idade suficiente para beber legalmente, eu já organizava festas para as maiores celebridades do planeta. Eu me sentia um peixe fora d'água, desajeitada, mas ainda assim construí uma carreira nessa área. Nem precisei inventar material para o livro, pois tinha acumulado anos de histórias tão interessantes que não poderia tê-las inventado mesmo que quisesse.

Escrevi dez páginas e enviei por e-mail para ela imediatamente.

Dois dias depois, ela escreveu de volta: *Com certeza posso vender isso!*

Uma agente literária... Uma agente literária de verdade me disse que poderia vender meu livro se eu estivesse disposta a terminá-lo. Quase engasguei de alegria.

Fiquei obcecada. Mal via meu marido e meus filhos porque escrevi como uma maluca até concluir a primeira versão do texto. Não parava de pensar que a única razão por não ter uma editora interessada em um livro meu era porque eu nunca tinha realmente concluído um manuscrito... Então acreditei que esse livro estava predestinado. Imaginei nos mínimos detalhes a sensação de ter um exemplar publicado nas mãos.

Terminei o livro e a agente literária o enviou a todas as editoras de Nova York. As primeiras respostas foram amáveis e encorajadoras. Alguns editores escreveram longos e-mails explicando por que o livro não era adequado para eles, mas me dizendo como tinham gostado do projeto. Minha convicção de que íamos conseguir vender o projeto só aumentou quando três editores marcaram audioconferências para discutir o assunto.

Durante a primeira audioconferência, achei que ia fazer xixi nas calças.

Quando começamos a reunião, a equipe editorial disse que gostava muito de mim, da minha presença on-line, meu estilo de escrita, etc. Elogiou o livro, classificando-o de divertido e fofo... Coisas boas, a meu ver.

– Nossa preocupação – disse uma editora – é que o tom está suave demais.

Eu não tinha noção do que isso significava, mas, como era meu primeiro livro, afirmei que qualquer coisa desse tipo poderia ser mudada com a edição.

– Estávamos torcendo para você ser aberta a mudanças.

– Claro que sou! – garanti.

Eu estaria disposta a participar de um ritual de sacrifício se isso significasse publicar meu primeiro livro.

– Então você não se importaria de dar uma apimentada?

Eu não tinha ideia do que ela estava falando. Meu cérebro logo montou a imagem de um moedor de pimenta girando sobre um prato.

– O que exatamente você tem em mente? – perguntei.

– Sexo. O livro precisa de sexo, Rachel. Nenhuma garota de 20 e poucos anos que mora em Los Angeles é virgem. Ninguém vai acreditar nessa história romântica. Se você der uma apimentada, pode se tornar um best-seller.

Estou tentando lembrar se alguma vez eu me senti tão constrangida em minha vida profissional.

Para contextualizar, é importante notar que isso aconteceu bem no momento em que o livro *Cinquenta tons de cinza* estourava. O mercado editorial, como qualquer outro, procura seguir as tendências, e todas as editoras estavam focadas em explorar aquela base de fãs.

Eu não tinha a menor ideia de como reagir a isso. Não sou nenhuma santa. Já li livros com passagens de sexo (não conte para minha avó!), mas não imaginei que alguém poderia um dia me pedir que escrevesse algo desse tipo. Além disso, eu adorava o fato de a heroína do meu livro ser ingênua e inocente – e achava que era isso que a tornava especial. Quanto mais eles tentavam me convencer a apimentar o texto, mais eu me perguntava se não estava na cena de um filme de comédia. Tipo: *Oi, Rachel, fume este crack e vamos ser amigos.*

Educadamente, recusei.

– Nós entendemos – disseram. – Mas, sem esse elemento, o livro fica piegas demais para o mercado. Ninguém vai comprá-lo como está.

Fiquei arrasada.

As duas outras audioconferências com editores foram iguais.

Então, um após outro, todos os editores que estavam na nossa lista recusaram o livro. Era uma sexta-feira à tarde quando o último editor recusou. Lembro que me tranquei no banheiro e chorei. Não eram lágrimas doces e bonitas. Eram muito FEIAS, do tipo: *Meus sonhos acabaram / todo mundo odeia o meu livro / sou uma péssima escritora.*

Não sei dizer quanto tempo fiquei ali no chão do banheiro, mas posso dizer que por fim me levantei, sequei as lágrimas e fui até a cozinha pegar uma taça de vinho. Depois me sentei diante da droga do laptop, no qual tinha escrito aquele livro pudico que ninguém queria, e pesquisei no Google: *Como autopublicar um livro?*

Em fevereiro de 2014, autopubliquei *Party Girl*, que fala sobre uma jovem ingênua, doce e, sim, virgem, organizadora de festas, de 20 e poucos anos, morando em Los Angeles.

Vendi 50 exemplares no primeiro fim de semana – e é bem provável que 45 tenham sido comprados por Dave. Toda semana, no entanto, eu vendia mais alguns aqui, outros acolá. As vendas continuaram aumentando e quem comprava emprestava o livro para as amigas. Acabou que a doçura da personagem principal é justamente o que as pessoas mais gostam no livro. Seis meses depois, um editor ligou e disse estar interessado em comprar os direitos de publicação, oferecendo um acordo que incluía a publicação de mais dois livros, de modo a transformá-lo em uma série.

O livro que ninguém iria comprar já vendeu até agora mais de 100 mil cópias. E me lançou na carreira de escritora.

Aqui está a parte mais importante da história. Você está prestando atenção?

Se eu tivesse ouvido os especialistas, aquele livro estaria no meu computador até hoje.

Ninguém, nem uma voz de autoridade, nem sua mãe, nem o especialista mais reconhecido – tem o direito de dizer até onde o seu sonho pode ir. Eles podem falar o que quiserem, mas você é quem decide se está disposta a ouvir.

Outra razão pela qual as pessoas desistem de seus sonhos? É difícil e/ou demorado demais.

Objetivos e sonhos são difíceis. Eu sei disso. Na verdade, realizá-los é muito mais difícil do que você imagina. Talvez você esteja fazendo progresso, mas muito lentamente. Enquanto isso, sua amiga Tammy foi promovida duas vezes, sua irmã está casada e tem dois filhos e você tem a sensação de ainda estar lá no início, com todo mundo passando por você. Há dias em que você fica tão desanimada que tem vontade de chorar.

Vá em frente, chore.

Rasgue a roupa e se lamente para os céus, como um personagem bíblico. Vá fundo. Depois, seque os olhos, lave o rosto e siga em frente. Você acha que isso é difícil? *É* porque *é mesmo*. E daí? Ninguém disse que seria fácil.

Está cansada? Quantas vezes na vida você ficou cansada mas encontrou uma maneira de ir em frente? Quantas pessoas que estão lendo isto agora já desistiram de um sonho porque era exaustivo continuar tentando realizá-lo? Nesse mesmo espírito, quantas já tiveram a experiência de um parto normal? Mesmo que não tenha passado por um, sei que pode entender a ideia geral. Não importa como você coloca um bebê no mundo (até mesmo por adoção), trata-se de algo desgastante em termos emocionais e físicos, mas você dá um jeito de ir até o fim. Você lança mão de forças que nem sabia ter porque o processo é, literalmente, de vida ou morte.

Não me diga que você não tem a determinação de querer algo mais para sua vida. Não me diga que você desiste porque é difícil. Essa também é uma questão de vida ou morte. É a diferença entre viver da forma como você sempre sonhou ou assistir à morte da pessoa que você estava destinada a ser. Essa é a sensação que tenho quando desisto de um sonho, mesmo que por pouco tempo. É como se estivesse em um velório. Como se estivesse sentada em uma sala olhando para a prova do que podia ter sido. Tenho certeza de que muitas de vocês sabem como é isso e querem mudar ou evitar chegar a esse ponto.

Você precisa fazer algo a respeito. Precisa fazer uma autoanálise e lembrar o motivo pelo qual começou. Tomara que recupere a vontade para seguir em frente porque, se não conseguir, garanto que *outra pessoa conseguirá*. Se isso acontecer, garota, você assistirá a outra pessoa realizar sonhos e aproveitar os frutos da batalha. E, se isso acontecer, você vai aprender uma das lições mais importantes da vida: a única coisa pior do que desistir é desejar não ter desistido.

Você acha que seu sonho está demorando muito para acontecer? Julia Child levou dez anos para escrever *A arte culinária*.

Seu trabalho mudou a maneira como pessoas do mundo todo cozinham e marcou o início da sua carreira. James Cameron trabalhou 15 anos para fazer *Avatar*, um dos filmes de maior sucesso da história.

A obra da ponte do Brooklyn começou em 3 de janeiro de 1870. A construção levou dez anos, e, durante esse período, muitos operários perderam a vida. Mas a ponte do Brooklyn permanece como um símbolo de Nova York, e 140 anos depois, 43 milhões de automóveis passam por ela para entrar e sair de Manhattan todos os anos.

Entendeu? Nada duradouro é alcançado rapidamente. O legado de uma pessoa não se baseia em um único momento, mas no conjunto de suas experiências. Se você tiver sorte, seu legado levará toda uma vida para ser concluído.

Precisei de 13 anos para transformar a empresa de eventos no negócio de mídia que administro atualmente – e nenhum desses anos foi desperdiçado. Precisei acumular conhecimento durante 13 anos para poder escrever sobre este tópico. Precisei passar 13 anos conversando com universitários e grupos de mães, e participando de painéis de discussões para desenvolver minhas habilidades a ponto de dar a palestra que serviu de inspiração para este capítulo. Precisei fracassar ao falar em público e errar repetidamente para aprender a fazer isso. Precisei escrever péssimos manuscritos que nunca foram concluídos e um livro que ninguém quis editar. Precisei abrir meu próprio caminho no mercado editorial e investir anos em me tornar conhecida antes de chegar ao ponto de alguém me oferecer a oportunidade de publicar um livro como este.

Precisei enfrentar dificuldades pessoais, desmotivações e uma rejeição atrás da outra – tudo isso para poder estar aqui e dizer a você: "Vale a pena lutar por seu sonho. Apesar de não controlar o que a vida oferece, você controla a luta."

O último motivo que as pessoas dão para desistir de seus sonhos?

Algum evento traumático. Desgraças são desculpas perfeitas. Quando você passa por um divórcio, uma doença ou algo pior, muitas vezes os objetivos são relegados discretamente a segundo plano e lá permanecem. Nós os deixamos de lado porque o trauma é tão pesado que não temos como incluir mais um problema na equação. Às vezes, o trauma acontece, e, se formos honestas, temos que admitir que parte de nós se alegra pensando: *Bem, agora ninguém pode esperar mais nada de mim porque já é um milagre eu estar de pé.*

Faço uma pausa aqui para dizer a quem está enfrentando algo doloroso: é um milagre você estar aqui. Você está nobremente fazendo o máximo que pode para superar isso. É uma guerreira por causa das provações que vem enfrentando, mas não ouse desperdiçar a força que conquistou só porque a conquista foi difícil.

Essas são as histórias mais importantes para compartilhar.

Você pode usar essa força para preparar o caminho para as outras. Eu compartilhei muitas histórias pessoais difíceis ao longo deste livro, e não foi fácil revelá-las, mas faço isso porque espero que assim eu possa ajudar quem passou por coisas semelhantes. Também falei sobre os meus objetivos e sonhos, além dos recursos que usei para me motivar a conquistá-los. Cada sonho serviu a um propósito na minha vida. Às vezes era uma pequena mudança; outras, algo transformador, mas em todas as circunstâncias eu me beneficiei por ter passado por elas. Amigas, não importa o objetivo ou o sonho que você tem. O importante é quem você *se torna* no processo de alcançar esse objetivo.

Quando uma voz de autoridade diz que está demorando demais, que você está "gorda, velha, cansada ou feminina" demais para isso, ou que seu trauma é pesado demais... você sabe o que essa pessoa está fazendo?

Dando permissão para você desistir.

Você já está assustada, duvidando de si mesma, então quando algo ou alguém vem e fala exatamente aquilo que você já estava questionando, você pensa: *Sim, foi o que pensei. Desisto.*

Reveja aqueles sonhos que você anotou no início deste capítulo. Agora preste atenção no que vou dizer:

Você não tem permissão para desistir!

Eu revogo essa autorização! Retiro o poder que essas pessoas ou circunstâncias exerceram sobre sua vida e o devolvo a você.

Você acha que não é tão fácil assim? Claro que é. Trata-se de uma questão de percepção, certo? Sua percepção do que está atrapalhando neste momento é grande, nociva e assustadora, mas esses obstáculos só são reais se você acreditar neles.

Tudo depende de você agora. Daqui em diante, tudo que acontecer só dependerá de você. Esta é a parte mais difícil porque vou lhe dizer uma coisa: ninguém nunca vai se preocupar com seu sonho da mesma maneira que você. Nunca.

Escutou, amiga?

Seja emagrecer, escrever um livro, aparecer na TV ou viajar o mundo como palestrante, você é a guardiã de seus próprios sonhos! Talvez queira comprar uma casa, obter um diploma ou salvar seu casamento. Pode ser ainda ter uma loja no site Etsy, abrir um pequeno negócio ou virar a protagonista do musical *Oklahoma!* no teatro local. Seja qual for o seu sonho, grande ou pequeno, simples ou grandioso, *ninguém* se importa com ele do mesmo jeito que você!

Mesmo que você tenha uma família solidária. Mesmo que tenha amigos maravilhosos. Mesmo que seu cônjuge seja a pessoa mais positiva e incentivadora do mundo, e seu fã número um... mesmo assim, ninguém desejará seu sonho tanto quanto você.

Seu sonho não os mantém acordados à noite. Nem anima o espírito deles.

É o seu sonho.

Um desejo especial que nasceu em seu coração muito antes de você mesma ter consciência disso. Você quer que ele se torne realidade? Bem, então, tem que entender que ninguém pode tirar isso de você e, por fim, que ninguém a ajudará a realizá-lo. Não mesmo.

Você tem que conscientemente tomar a decisão de realizar seus sonhos mais impossíveis. Não importa quais sejam, simples ou extravagantes. Não importa se aos outros parecem ridículos ou talvez fáceis demais... Nada disso importa. Eles são seus sonhos e você tem o direito de procurar realizá-los – não porque é uma pessoa especial ou mais talentosa ou bem conectada, mas porque merece querer algo mais.

Porque você merece não deixar que o passado dite seu futuro.

Comece hoje mesmo. Comece agora, neste exato momento, e prometa a si mesma – não, prometa a *mim* – que vai sonhar alto.

Você quer coisas grandes para sua vida?

Você não vai chegar lá dizendo sim. Sim é a parte mais fácil. Você vai chegar lá não desistindo quando ouvir a palavra *não*.

COISAS QUE ME AJUDARAM...

1. ***Audácia.*** É bastante ousado ignorar o que as outras pessoas, inclusive especialistas, dizem que é o certo. Acho que todos nós poderíamos ser mais audaciosos nesse sentido. Não estou dizendo que você precisa se tornar uma pessoa combativa ou desrespeitosa; só que você deve manter o foco em seu objetivo, independentemente do que surgir em seu caminho.

2. ***Caminhos alternativos.*** Quando dou este conselho, me preocupo que alguém ouça a ideia de não desistir de seus sonhos e entenda como: "Vá importunar as pessoas até que elas façam

o que você quer." Isso não ajuda ninguém a chegar a lugar nenhum, nós sabemos disso. Use o *não* como uma indicação de que deve tentar um caminho alternativo.

3. ***Manter meus objetivos à vista.*** É fácil se concentrar em seus objetivos quando você está empolgada com um novo projeto, mas a concentração piora quando a vida interfere em seu acesso direto, impedindo que você continue trabalhando por seus objetivos. Portanto, prenda seu sonho em algum lugar onde possa vê-lo. Gosto de colar fotos na parte interna do armário para me lembrar diariamente qual é o meu objetivo. No momento, as imagens coladas na minha porta são: a capa da revista *Forbes* com CEOs bem-sucedidas, um refúgio de férias no Havaí... e uma foto da Beyoncé, óbvio.

CAPÍTULO 7

A mentira:

SOU RUIM DE CAMA

Eu era muito ruim de cama.

É sério.

Você não pensou que eu chegaria a esse ponto, mas cheguei. Vou falar sobre sexo como uma mulher cristã casada e espero que isso não seja um problema.

Meu marido a essa hora provavelmente está se escondendo embaixo de uma pedra porque, sem dúvida, eu escrever sobre isso é seu pior pesadelo.

Mas, como meu pior pesadelo é ser perseguida pelo Pé Grande, acho que todo mundo tem que carregar sua cruz, Dave.

Dave, porém, não deveria estar preocupado. Não estou escrevendo sobre ele, estou escrevendo sobre mim... e como sou ruim de cama. Decidi escrever sobre essa coisa relevante, assustadora e constrangedora, correndo o risco de petrificar a família do meu marido e de provocar um ataque cardíaco na minha avó porque acho que é importante. As mulheres não falam sobre isso o suficiente.

Ah, claro, o *mundo* fala sobre isso. Tanto quanto possível, o mais alto possível, sempre que possível... mas não de forma realista. Não de forma que faça sentido para uma clarinetista virgem, que antes de conhecer o marido tinha tanta experiência com homens quanto com a caça de animais de grande porte nos confins de um país africano. Ou seja, nenhuma. Nadica de nada.

Minhas primeiras oportunidades de educação sexual incluíam senhoras da igreja (que não falavam sobre isso na minha presença) ou a mídia como um todo, que me mostrou um ideal impossível de alcançar. Portanto, eu me casei *sem a menor ideia, na prática,* do que esperar. O que é absurdamente ridículo! Queria que pelo menos *uma vez* antes de eu me casar alguém tivesse dito: "Olhe, essa é a minha experiência. Aqui está o que você precisa saber, o que você deve considerar, e, depois das primeiras vezes que você fizer sexo, faça xixi para não ter uma infecção urinária."

Em algum lugar no Texas uma leitora mais velha acabou de desmaiar.

Sim, escrevi sobre uma infecção do trato urinário. Se você estiver incomodada, vá direto para o próximo capítulo porque vou ser mais direta do que isso.

Eu sabia muito pouco sobre o sexo além do que via na TV ou em filmes... Ou seja, eu era péssima nesse assunto. Não péssima no sentido de desajeitada (embora fosse, com certeza). Era péssima porque estava infeliz e fazia meu marido infeliz também. Após cinco anos de casamento, nossa vida sexual era quase inexistente. Comparativamente, este ano vamos comemorar nosso 14º aniversário de casamento – e agora nossa vida sexual é fantástica!

Não, falando sério: fazemos mais sexo do que qualquer casal

que você conheça, ou, pelo menos, mais do que a maioria dos casais com quatro filhos e dois empregos de tempo integral. Fazemos sexo não por obrigação, mas porque é realmente muito, muito bom. Quando é realmente bom, por que não fazer sempre que puder, como os macacos bugios?

Hoje é incrível. Mas foi um longo caminho até aqui e vou contar tudo sobre isso para o caso de você estar passando pela mesma coisa... e porque não quero que você desenvolva uma infecção urinária. Preste atenção.

Conheci Dave quando tinha 19 anos e ele 27. Eu nunca tinha namorado e ele não sabia que eu era muito mais jovem do que ele. Como eu já disse, quando a verdade veio à tona, alguns meses depois, foi como um gato obeso caindo do muro: uma queda feia e violenta, mas ainda assim caímos de pé.

Dave é meu melhor amigo desde aquele primeiro ano. Ele é meu ser humano favorito no planeta e eu o amo tanto que meu coração parece que vai explodir. Quando nos casamos, tivemos a vida mais feliz que eu poderia ter sonhado para mim. E quanto ao sexo? Fazíamos amor como coelhos. Fazíamos amor como coelhos porque é isso que recém-casados fazem, certo?

Quantas vezes podíamos fazer amor em um dia?

Quantas vezes por hora?

Eu transava na chuva, no escuro, no trem, no carro, em cima de uma árvore...

Entendeu o espírito da coisa, não é? Fazíamos muito sexo.

E eu adorava.

Adorava porque estar fisicamente próxima dele me fazia sentir querida e amada. Eu adorava porque isso o fazia muito feliz. O sexo nos fazia muito felizes. Éramos recém-casados, fazíamos sexo e a vida era boa.

Mas conforme os primeiros anos foram passando e a novidade se desgastou, a felicidade da fase de lua de mel também passou.

No começo, minha empolgação me tornava ousada. Com o tempo, porém, fui me sentindo menos confortável, como se um interruptor tivesse sido desligado. Fui criada para ser uma boa cristã. Agora era esperado que eu fosse provocante e sensual, mas eu não sabia como.

Então passei a beber.

Nós saíamos e eu bebia vinho para me sentir sexy. Depois, tentava fazer coisas sensuais ou agir de maneira sensual, mas raramente me divertia tanto quanto ele. Se eu fingia gostar? Claro que sim! É o que esperam que você faça, não é? Então comecei a ficar ressentida por não estar curtindo, por pensar que tinha de fazer sexo mesmo quando não estava disposta.

Depois do bebê, meu corpo mudou, a barriga esticou, os seios vazavam e eu me sentia exausta. Sexo era basicamente a coisa menos agradável em que eu podia imaginar. Mas continuei transando e fingindo que adorava cada segundo. Nunca falei com Dave sobre como eu me sentia constrangida e insegura. Além disso, eu ficava nervosa porque não queria magoá-lo, então não falava nada. Mas o tempo passou e nossa vida sexual estava por um fio. Quando nosso segundo bebê estava começando a andar, nós mal fazíamos sexo, e, quando emergi do nevoeiro que é ter dois filhos pequenos e consegui refletir a ponto de perguntar a Dave sobre isso, a resposta foi difícil de ouvir.

– Por que não fazemos mais sexo? – perguntei certa noite.

Ele olhou para mim como se a pergunta o magoasse.

– Cansei de ser rejeitado.

Imediatamente eu me pus na defensiva.

– Eu não rejeito você. Sempre digo sim.

– Você pode até topar, Rachel, mas não quer realmente e isso é pior do que não fazer sexo.

Inicialmente, fiquei muito irritada. Ali estava eu me sacrificando pela equipe e ele magoado porque eu não demonstrava tanto entusiasmo. Quanto mais eu pensava no assunto, mais percebia que ele tinha razão. Eu podia concordar em fazer sexo, mas ficava dura, pouco à vontade, demonstrava cansaço e apatia. Concordar não significava me envolver. Meu marido podia ver que eu não estava curtindo, então, em vez de pedir que eu participasse pela metade, ele simplesmente parou de pedir. Que decepção.

Dizem que o primeiro passo para resolver um problema é admiti-lo.

Bem, sei que muitas de vocês estão em contato com sua mística feminina. Vocês já sabem tudo dessa história de sexo e têm cem orgasmos por semana. Bom para vocês. Sério, vocês são minhas heroínas! O conselho que vou dar aqui provavelmente não serve para vocês, pois o que tenho a dizer vai parecer banal, básico, talvez até mesmo ingênuo. Tudo bem, essas coisas funcionaram para mim e eu vou compartilhá-las pois podem ser úteis para alguém que seja como eu (ou como eu era).

Aqui estão os passos que dei para deixar de ser ruim de cama e me transformar numa parceira sexual excepcional. São sete passos, um para cada dia da semana.

COISAS QUE ME AJUDARAM...

1. ***Redefini o sexo em minha cabeça.*** Durante muito tempo, sexo simbolizava um monte de coisas – nem todas positivas. Decidi mudar o que eu pensava sobre o assunto. Pode não ser o que você, seus amigos ou o Espírito Santo e todos os santos pensam sobre sexo, mas eu decidi que sexo devia ser uma experiência divertida e que devia ser *sempre* mais interessante do que qualquer outra coisa que eu estivesse fazendo. Até então eu costumava comparar sexo a outras coisas (ler um livro, assistir à TV, etc.) e ele ficava em segundo plano. Mas, se eu lembrasse a mim

mesma que sexo era sempre uma oportunidade incrível, então presumia-se que ia querer optar por ele.

2. ***Descobri como o sexo pode ser uma experiência surpreendente.*** Quando você está desconfortável ou não se sente sexy, quando se sente nervosa ou tímida ou qualquer outra coisa, não consegue se divertir. Se você não consegue se divertir, o sexo não é satisfatório. Então, eu me perguntei: como posso me divertir mais no sexo? O que está me impedindo? A resposta? Eu. Em seguida, conversei com Dave sobre todas as coisas que estava pensando e sentindo. Fiquei surpresa ao perceber que, mesmo depois de tantos anos juntos, eu ainda me sentia tão envergonhada, mas fui até o fim. Nós precisávamos estar em sintonia, e a única maneira de conseguir isso era revelando meus sentimentos e conversando a respeito com ele.

3. ***Li Hebreus 13:4.*** Parte de minhas dificuldades estava relacionada à formação cristã que tive e que não conseguia conciliar com a ideia de eu me tornar uma louca na cama. Então, li Hebreus 13:4: "O casamento deve ser honrado por todos; o leito conjugal, conservado puro." Para falar a verdade, tenho certeza de que não entendi direito. Alguém que estudou teologia certamente vai me explicar que o sentido é outro. Mas o que li ou entendi da frase é que as coisas que acontecem com meu marido na cama não podem ser consideradas esquisitas, ruins ou erradas. Deixe-me dizer que, sem dúvida, existem coisas que um casal comprometido e monogâmico pode fazer sexualmente que podem ser bastante prejudiciais aos dois. A pornografia, por exemplo, é prejudicial tanto para quem a consome quanto para quem é usado como objeto da luxúria. Mas e as outras coisas? Lingerie, roupas de couro, brinquedos, dramatização, experimentação de todas as posições possíveis, transar na mesa

da cozinha, falar sacanagem ou *qualquer outra coisa*... Se isso excita vocês e não magoa nenhum dos dois, vão em frente!

4. ***Aceitei meu corpo.*** Ter baixa autoestima em relação ao próprio corpo atrapalha muito a capacidade de desfrutar do sexo. Antes, eu me preocupava se minha barriga estava ou não para dentro ou se minha bunda ficava bem naquela calcinha. Você sabe o que Dave estava pensando quando eu tirava a roupa? Nos meus *peitos*! Seu parceiro se anima só de você se mostrar a fim, e todas essas críticas que você faz a si mesma não ajudam ninguém. Passei a falar coisas positivas a mim mesma sobre como minha bunda estava linda ou como eu era sexy. Repeti tanto que passei a acreditar.

5. ***Eu me empenhei em ter orgasmos.*** Ok, fiquei vermelha só de escrever essa frase. Eu me imagino em uma noite de autógrafos no futuro e um leitor se aproximando e dizendo: "Então... você se empenhou em ter orgasmos." Mas isso é importante, e, apesar de ficar envergonhada, quero que você saiba. No início, quando começamos a ter relações sexuais, o orgasmo era como a cereja no topo do bolo. Mas eis o que aprendi, senhoras: *Orgasmos não são a cereja do bolo.* Orgasmos *são* o próprio bolo! O *segundo orgasmo* é que é a cereja do bolo! Vocês se lembram de quando eu disse que tinha que descobrir como transformar o sexo na melhor coisa do mundo? Lembram das minhas palavras: que queria que fosse a coisa que eu mais desejasse na vida? Sabem como fazer isso? Com orgasmos! Há alguns anos decidi que nunca mais, *nunca mais mesmo*, faria sexo sem incluir um orgasmo para mim. Quando contei meu plano a Dave, ele concordou que era a melhor ideia que já tive na vida. Porque a questão é a seguinte: em geral nosso parceiro está encantado com a ideia de nos dar prazer, e, se ambos

estivermos empenhados no meu orgasmo desde o início, ele vai acontecer.

6. ***Tive que descobrir o que me excita.*** Obviamente, fiquei excitada muitas vezes na vida, mas nunca levei em consideração a diferença entre o que realmente me excitava e o que era apenas situacional. Saber o que me excita foi fundamental porque meus orgasmos eram nosso novo objetivo do jogo e não sei como ter um sem ficar excitada. Então experimentamos até eu conhecer melhor a mim mesma e ao meu corpo. (Sinta-se à vontade para voltar ao parágrafo sobre o *leito conjugal puro* para obter uma lista de ideias.)

7. ***Combinamos de fazer sexo todo os dias por um mês.*** Anos atrás, quando decidimos mudar nossa vida sexual, Dave e eu lançamos o que chamamos "setembro do sexo". Nós nos comprometemos a fazer sexo todos os dias durante o mês de setembro – *sem desculpas*. Foi muito difícil no início, especialmente trabalhando o dia inteiro e com dois filhos pequenos, mas o resultado final foi fantástico! Tive a chance de experimentar e testar coisas sem qualquer pressão. Além disso, surpreendentemente, fazer mais sexo nos fez querer... fazer mais sexo. Recomendo muito que você escolha seu próprio mês do sexo e vá em frente!

CAPÍTULO 8

A mentira:

NÃO SEI SER MÃE

Sou a pior grávida que você poderia conhecer. Juro. Odeio todas as etapas da gravidez, exceto o bebê que chega no fim.

Tenho amigas que adoram ficar grávidas. A-D-O-R-A-M em maiúsculas mesmo. Se pudessem, teriam cem bebês e ficariam grávidas para sempre. Apoio totalmente a vocação maternal delas e a visível alegria que sentem em ser um veículo para a vida humana.

Mas eu não compartilho essa alegria.

Sou grata por minhas gestações. Agradeço do fundo do meu coração por Deus ter me abençoado com a capacidade de carregar três belos meninos durante nove meses. Não vejo isso como algo banal até porque sei que muitas mulheres anseiam pela mesma bênção e não a recebem.

Mas, para mim, cada etapa da gravidez é difícil.

O enjoo matinal *nunca* desaparecia com a manhã nem após o

primeiro trimestre. Ganhava peso como se fosse parte da minha missão e depois não conseguia emagrecer. Minhas costas doíam, meus pés doíam e na primeira gravidez surgiu uma variz *no pior lugar* que um ser humano pode ter varizes – e por isso tive que usar uma cinta especial nas outras gestações. Observação: se você quiser saber qual é a maneira mais fácil de destruir o ânimo de uma garota, recomendo pesquisar "calcinha-cinta com reforço" na internet.

Mas estou divagando.

A questão é que não me dou bem com a gravidez. Além de tudo que mencionei, também tive que lidar com um medo permanente.

E se eu comesse mortadela e contraísse listeriose?

E se o feto, do tamanho de uma ervilha, tivesse desenvolvido alguma doença rara desde a última vez que fiz um ultrassom?

E se todas as tiras de frango empanado que eu estava comendo deixassem o bebê com o colesterol alto?

E se o cordão se enrolasse no pescoço dele?

E se o quarto do bebê não estivesse suficientemente ventilado quando o pintei?

E se a placenta prévia não subisse?

E se aquela vodca com Red Bull que tomei quando estava com duas semanas de gravidez (mas ainda não sabia) prejudicou o bebê?

Agora falando sério: e se o cordão umbilical se enrolasse no pescoço dele?

As preocupações eram aflitivas e eu as enfrentei com a dignidade de um terrier idoso, o que quer dizer que eu latia para qualquer um que chegasse perto demais, sem contar que precisei de uma escadinha para subir e descer da cama.

Quando o evento abençoado finalmente ocorreu, fiquei em êxtase. Primeiro, porque eu enfim iria conhecer Jackson Cage – a criança que tínhamos sonhado e cujo nome tínhamos escolhido em uma viagem pelo interior do país anos antes. Além disso, finalmente eu teria meu corpo de volta. Fiquei eufórica por ter conseguido ir até o fim no trabalho de parto, algo que eu sinceramente acreditava ser a parte mais difícil da maternidade.

Mas já em casa com Jackson em toda a sua gloriosa perfeição, eu não estava preparada para o sentimento de inadequação como mãe de primeira viagem. Eu o amava obsessivamente, mas ao mesmo tempo tinha medo dele. Todos os medos que tive enquanto ele estava dentro de mim de repente se multiplicaram 100 milhões de vezes. Eu quase não dormia à noite porque tinha certeza de que ele iria parar de respirar se eu não estivesse lá para observá-lo. Amamentar era uma tarefa difícil e dolorosa e eu nunca produzi leite suficiente para alimentar a cria gigante que Dave e eu geramos. Foi preciso complementar com mamadeira. Tivemos também que aprender a lidar com o refluxo e enfrentar uma ida à emergência no meio da noite quando ele teve febre alta com sete semanas – tudo em meio a uma privação de sono quase incapacitante. Meu marido sempre foi meu melhor amigo e meu ser humano favorito na terra, mas eu me lembro de, quando Jackson tinha por volta de um mês e meio, ter olhado para Dave e acreditado sinceramente que o *odiava*. Com todas as minhas forças.

Gosto de contar a casais jovens sobre esse momento em que odiei Dave. Porque quero que saibam que esse sentimento é muito normal e que eles provavelmente vão passar por isso de vez em quando. Jackson estava com seis semanas – o que, por sinal, amigas, é a fase mais provável para o ódio absoluto – e ainda acordava no meio da noite.

É importante enfatizar a palavra *ainda* porque minha versão jovem, ignorante e sem filhos achou que voltaríamos à normalidade e à felicidade parental no fim do primeiro mês.

Bendito seja meu precioso coração infantil.

Ser pai e mãe de primeira viagem é uma ilusão. Nas primeiras duas semanas vocês se sentem eufóricos e, sim, é difícil, mas sua mãe ainda está por perto para ajudar e você tem o seu pequeno querubim que você ama tanto que tem vontade de morder as bochechas gordinhas. Então se passam duas semanas e você se vê numa rotina de zumbi. Seus seios começam a vazar, molhando a roupa, e você não tem tempo nem para tomar banho. Além disso, seu cabelo nunca esteve tão horrível, mas tanto faz. *Você está dando conta.*

No entanto, lá pela sexta semana, o trem começa a descarrilar.

Você pensa: *Por que estou tão exausta?*

Por que ainda parece que estou grávida de cinco meses?

Por que eu ainda estou amamentando sem parar?

E que cretino inventou as mamadas de três em três horas? Porque vou dar um murro no meio da sua cara estúpida!

Assim, passadas seis semanas do parto, eu estava um pouco, digamos, *frustrada* com o trabalho para cuidar do nosso bebê. Em outras palavras, eu não achava que Dave estava ajudando e a responsabilidade de administrar a maior parte das coisas sozinha era avassaladora. Mas não comentei nada com ele. Simplesmente guardei a insatisfação bem lá no fundo para não incomodar ninguém. Todo mundo sabe que essa é a melhor maneira de lidar com os problemas, certo? Então, um dia, estávamos conversando sobre alguma coisa e o desastre escapou da boca dele.

"Estou cansado."

Foi o que ele disse.

Essas foram as palavras.

Meu mundo rodopiou e meus olhos se arregalaram, quadruplicando seu tamanho natural, mas ele não percebeu. Estava muito ocupado falando: "Estou tão exausto por ter acordado cedo hoje, blá-blá-blá, mais palavras equivocadas."

Você conhece o programa de TV *Snapped*?

É uma série de documentários sobre crimes reais em que as mulheres perdem a cabeça e tentam destruir quem estiver pela frente.

Foi o que aconteceu comigo.

Dei uma de Sybil. Chorei e gargalhei – o tempo todo tentando pensar em quem criaria o bebê se eu estrangulasse Dave com o tubo plástico da minha bombinha de extrair leite. Para citar uma das mais famosas frases de todo o nosso casamento, eu gritei/chorei: "No dia em que nos casamos eu nunca pensei que poderia te odiar tanto quanto te odeio agora!"

Não foi meu melhor momento. Mas, felizmente para mim, para Dave e todos os outros humanos neste planeta, os relacionamentos são cheios de oportunidades para a benevolência.

Mesmo quando o bebê começou a dormir (e *nós* também), eu estava um caos. Eu amava Jackson, mas não sentia um vínculo real com ele. Tinha tanto medo de fazer algo errado que nunca me permitia relaxar. Estava tão focada no trabalho doméstico e nas tarefas com o bebê, cuidando para que o macacão dele estivesse sempre impecável, que não desfrutava a recente maternidade. Acho que a preocupação em não errar com ele era tanta que acabei errando comigo.

Por estar tão preocupada com nossa *imagem* como família, não dediquei o tempo necessário para me sentir conectada. Mantive esse padrão com meu segundo filho, Sawyer; então, quando me vi como mãe de dois filhos, tive um caso grave de depressão pós-parto. Eu passava a maior parte do tempo imaginando como seria fugir de casa. Eu me sentava na sala de estar, amamentando o bebê de uma semana enquanto o mais velho, de pouco mais de um ano e meio, corria pela sala entulhada de brinquedos e fraldas sujas que eu ainda não tinha jogado fora, e pensava: *Eu devia simplesmente pegar o carro, ir embora e nunca olhar para trás. Todos aqui ficariam melhor sem mim.*

Como achava que não estava sendo uma boa mãe – a *única coisa* que devia instintivamente saber fazer –, eu tinha certeza de que era um fracasso. Hoje vejo que minha percepção desse papel se baseava em imagens da internet e de revistas, mas na época eu estava afetada demais pela privação de sono para saber que buscava uma impossibilidade. Passei tanto tempo preocupada em não estar à altura do padrão Pinterest que perdi completamente a noção de quem eu de fato era. Foi um período sombrio. Quando vejo fotos daquela época, noto que, embora meu cabelo esteja penteado e eu até esteja de batom, meus olhos parecem atormentados.

Portanto, este capítulo é para mães de primeira viagem ou futuras mamães. Prestem atenção! Vocês não precisam ter tudo planejado. Não precisam saber tudo. A técnica para manter um recém-nascido vivo é bastante simples. Basta alimentá-lo, acarinhá-lo, amá-lo, mantê-lo com a fralda limpa e aquecido, depois acarinhá-lo novamente.

A lista diária de objetivos de uma mãe de primeira viagem deve se resumir a:

1. Cuidar do bebê
2. Cuidar de si mesma.

Pronto.

Fim.

Droga, você não conseguiu lavar roupa hoje? Reveja sua lista: tomou conta do bebê? Sim. Cuidou de si mesma? Sim também. Ah, acho que você está arrasando nessa história de mãe de primeira viagem, hein? A roupa suja pode esperar.

Então você está chateada porque não conseguiu perder os quilos que ganhou com a gravidez? Verifique sua lista básica e simples de dois itens. O bebê ainda está vivo? Maravilha. E você?

Ainda está respirando? Bem, então parece que você é a melhor mãe do mundo. Siga em frente!

O Pinterest é incrível, e decorar o quarto do bebê com as cores perfeitamente coordenadas é metade da diversão de ser mãe. E quanto ao Instagram? Olha, eu ainda acompanho as Instagrammers grávidas para ver as ótimas dicas de roupas que ficam bem com o barrigão, e nem estou mais grávida! Faz todo sentido olhar à nossa volta quando nos sentimos inseguras sobre algo novo – e raramente nos sentimos tão inseguras quanto como mães de primeira viagem. Mas, deixe-me dizer uma coisa, porque eu só fui entender isso anos depois...

O Deus que criou a lua, as estrelas, as montanhas e os oceanos, o Criador que fez todas essas coisas, acreditava que você e seu bebê estavam destinados a ser um par. Isso não significa que vocês serão um par perfeito. Muito menos que você não cometerá erros. Significa apenas que você não precisa temer o fracasso porque *não pode falhar numa tarefa para a qual foi destinada.*

Em algum lugar, um leitor cínico está pensando em todos os pais que falham. Há muitas mães que fazem escolhas erradas, que machucam a si mesmas e a seus filhos. Como recebíamos em nossa casa crianças que precisavam de um lar temporário, sei que existem bebês sofrendo abusos e negligências neste momento, e mesmo que tenha sido um plano divino que os levou para a mãe deles, pode não ser a melhor solução eles ficarem lá.

Mas não estou falando com essas mães. Estou falando com você. Não se deixe dominar pela ansiedade de que o bebê devia estar dormindo no horário previsto, alimentando-se com produtos orgânicos ou se já não está na hora de começar a sentar. Estou falando com a pessoa que está lendo todos os livros e artigos sobre maternidade e se sente sobrecarregada com o que é certo quando existem tantos erros possíveis. O simples fato de você estar tão preocupada, querida amiga, significa que está empenhada, focada e dedicada a fazer o que é melhor. Isso faz de você o melhor tipo de mãe. O resto se resolve sozinho.

COISAS QUE ME AJUDARAM...

1. ***Encontrar um grupo.*** Frequente um grupo na igreja, aulas de ioga para mamãe e bebê ou um clube. Procure um grupo de mulheres que entendam o que é ser mãe de primeira viagem. Existe muito poder na solidariedade. Existe muita benevolência quando você fala com alguém que também está com a blusa golfada.

2. ***Ficar longe das redes sociais.*** Por tudo que é sagrado, ninguém devia ter autorização para acessar o Pinterest ou o Instagram depois de um acontecimento importante na vida. Por quê? Porque você fica com a sensação de que está perdendo alguma coisa ou que sua vida, o quarto do bebê ou o corpo pós-parto deviam parecer com o que você vê na internet. Preste atenção no que a deixa ansiosa ou a faz se questionar. Se forem as redes sociais, então faça a si mesma o favor de se afastar delas. Garanto que elas ainda estarão lá quando você estiver dormindo melhor e se sentindo menos emotiva.

3. ***Sair de casa.*** Todo. Santo. Dia. A melhor coisa que você pode fazer por si mesma, por sua sanidade e a de seu bebê é afastar-se da cena do crime. Deixe os pratos sujos na pia e a lixeira lotada de fraldas descartáveis. Coloque o bebê no carrinho ou em um canguru e vá dar um passeio pelo bairro. Coloque o fone de ouvido e escute Beyoncé, Adele ou um podcast sobre ética profissional. Faça o que for necessário para lembrar a si mesma que existe uma vida além de seu ninho e que você ainda faz parte dela.

4. ***Falar com alguém sobre o que estava sentindo.*** A maneira mais eficaz para superar uma mentira é falar sobre ela sem rodeios com alguém. Seja seu marido, amigo ou amiga ou familiar em quem você confie, conversar sobre suas dificuldades pode ser a ajuda de que você precisa para ver todas as mentiras que estão atrapalhando sua vida.

CAPÍTULO 9

A mentira:

NÃO SOU UMA BOA MÃE

Se vamos falar sobre as dificuldades que enfrentei como mãe de primeira viagem, então também temos que falar sobre as dificuldades que tive como mãe de maneira geral. Lidar com os encargos da maternidade e ao mesmo tempo cuidar de um recém-nascido é cruel... Mas e o que vem depois?

Um massacre emocional de proporções épicas.

Quando meu filho mais velho estava com 7 anos, ele esmagou minha alma enquanto tomava café da manhã.

– Sabe do que você precisa, mãe? – ele me perguntou enquanto eu colocava sucrilhos na tigela em formato de buldogue.

Quando a criança começa assim, a conversa pode enveredar por qualquer direção imaginável. Talvez eu precisasse de uma capa de super-herói, de uma nova espátula ou pintar o cabelo de rosa. Sua mente pode ir para qualquer lugar.

– Do quê? – eu quis saber. – Do que eu preciso?

– De um daqueles colares com a primeira letra do nome de cada filho.

Na época, os colares com pingente de letras estavam no auge da moda.

– Sim, conheço esses colares.

– Você devia ter um. Todas as mães da escola têm – ele contou, entre uma colherada e outra. – Você também precisa de um.

– Ok.... – Eu estava um pouco confusa. – Por que preciso de um?

Ele sorriu para mim todo feliz.

– Para você ser como as outras mães.

Finalmente.

Como as outras mães.

Um punhado de palavras não devia deixar você arrasada, muito menos fazer você se questionar como mãe. Mas, quando você já está nesse processo e alguém, no caso seu filho, traz à tona exatamente o que a deixa preocupada, não precisa muito mais para você despencar no abismo.

Nunca tinha me preocupado com o que minhas joias – ou a falta delas – diziam sobre mim como mãe, mas estava muito ciente de como eu era diferente das outras mães nos eventos da escola de Jackson. Só não sabia que ele também tinha percebido.

Refleti sobre o que ele disse durante dias... A sugestão para que eu *fosse como as outras mães* revelava que ele reconhecia que eu não era como elas. Revelava que ele me via como diferente, e, quando se é pequeno, tudo o que se quer é ser exatamente como todo mundo.

Ele percebeu que eu não era como as outras mães porque eu trabalhava... muito. Raramente eu o levava ou buscava na escola e por causa disso me ofereci como voluntária na sua turma de 15 em 15 dias, mas isso também não ajudou porque, embora eu me sentasse na cadeira minúscula para cortar papéis e organizar as pastas com o dever de casa, como as outras voluntárias, eu não usava jeans ou calça de ginástica. Usava salto alto e blazer, que não combinavam nada com a atividade do dia, que era modelar peças de argila. (Outra mãe fez questão de comentar isso.) Eu estava com essa roupa porque tinha uma reunião depois. Como a maior parte das mães que trabalham fora, minha vida era um eterno malabarismo.

Às vezes, pareço estar em um espetáculo de balé bem ensaiado, no qual consigo me dividir entre as atividades com as crianças e os compromissos profissionais. Outras vezes, me sinto numa unidade de triagem, onde me desdobro para atender às necessidades ao meu redor, mas ainda assim falho nas prioridades que parecem escapar antes que eu as alcance.

Na época, eu esperava que participar de projetos extraclasse com os meninos compensaria. Então, sobrecarreguei uma agenda já complicada ao concordar em planejar um grande evento de arrecadação de fundos para o colégio, ou participar do conselho da pré-escola ou tirar uma tarde de folga para assistir ao treino de futebol. Achei que o esforço extra me faria ganhar pontos com os meninos, mas não fiz. Meus filhos eram pequenos e a memória deles ia no máximo até ontem. Mesmo agora eles não se importam com a viagem de negócios hoje, com o prazo final de entrega do meu livro ou com os funcionários do meu escritório que contam comigo para fazer a minha parte do trabalho. Meus filhos se importam com o fato de as mães dos amigos terem ido à excursão ao museu que a turma fez ontem e eu não, porque estava em Chicago a trabalho.

Para mim, ter filhos na escola é estressante. Meus três pequenos têm horários totalmente diferentes e minha bebê tem agenda própria. Há muita papelada, que logo se acumula em grandes pilhas, sem contar os formulários e as permissões para serem assinadas que encontro enfiados nas mochilas ao longo do ano. E ainda tem a merenda. Levo a sério o sistema que criei para organizar as refeições, mas, agora que os meninos estão mais velhos, eles querem almoçar na escola em dias específicos. Portanto, controlar o calendário da cantina passou a ser um trabalho extra, assim como garantir que eles tenham dinheiro suficiente para pagar o frango teriyaki da quinta-feira. Há também as excursões, as apresentações, as vendas de doces e os festivais. Há o levar e buscar na porta da escola, e os dias em que eles saem uma hora antes. Se Jackson (Deus o abençoe!) não me lembrasse, eu provavelmente esqueceria todos esses dias. Há tantas coisas para lembrar, mas o que mais me estressa é a ideia de que outras mães – na escola ou fora dela, no mundo selvagem – são bem mais competentes do que eu em manter o controle disso tudo.

Sou uma das pessoas mais organizadas que conheço e, mesmo com todo o planejamento, sempre esqueço coisas ou lembro delas à meia-noite da véspera. Não importa o que eu faça ou para que me ofereça como voluntária, alguma "outra mãe" lendária na escola já fez melhor.

"Sim, mamãe, você *pode comprar* a camiseta que precisamos para o dia de personalização da camiseta, mas a mãe de Liam plantou algodão orgânico e separou manualmente a semente da fibra antes de transformá-la em fio, depois em tecido, para a camiseta que ela mesma costurou para ele."

Não tenho nem como começar a competir com algo assim, e o estresse de tentar me deixa louca.

Portanto, este ano eu tomei uma decisão importante.

Superei esse tipo de coisa. Superei completamente a ideia de recuperar o tempo perdido – ou qualquer outra coisa relacionada ao assunto escola! Há algumas coisas que faço bem. Nossa rotina matinal pode ser um caos coreografado, mas nunca nos atrasamos para a escola. Meus filhos (com exceção do que está com 4 anos) são arrumadinhos, bem-educados e tiram notas boas. Além disso, têm bom caráter. São o tipo de criança que faz amizade com os excluídos e os solitários. Tudo bem, eles brigam em casa e são tão dramáticos sobre a falta de acesso à tecnologia que poderiam ganhar um Oscar, mas não importa. Estamos indo bem, o que é bem melhor do que tentar fingir perfeição.

Portanto, talvez eu não me ofereça como voluntária na sala de aula este ano, embora possam contar comigo para comprar as guloseimas das festas da turma. Talvez eu não consiga participar de todas as excursões, mas a verdade é que não gosto de acompanhar excursões. Além disso, preparem-se, é provável que uma babá passe a buscar meus filhos na escola mais do que eu. Espero que as pessoas sejam mais tolerantes em relação a isso... Pelo menos tão tolerantes quanto são com os pais que trabalham e não chegam a tempo de pegar os filhos.

Mãe, você deve cuidar de sua família da melhor maneira que puder e perder menos tempo se preocupando com o que as outras pessoas vão pensar. Será que conseguimos parar de ser tão duras conosco e focar no bom trabalho que estamos fazendo, cujos resultados mais evidentes são as pessoas incríveis que estamos criando?

E se todas nós iniciarmos o próximo ano letivo com a intenção de fazer apenas o melhor possível? Ou seja, vamos tentar ao máximo devolver cada autorização no prazo e lembrar sempre dos Dias da Fantasia, embora saibamos que é inevitável esquecer alguma coisa, ficar sem tempo para ser voluntária em alguma atividade escolar e perder na competição com a mãe de Liam e os biscoitos artesanais de gengibre orgânico que ela prepara para as crianças da turma. Vamos combinar que é normal ser imperfeita? A mãe de Liam é incrível no que faz, mas e eu e você? Também somos incríveis do nosso jeito. Podemos iniciar o ano letivo lembrando que estamos educando as crianças para se tornarem adultas. Nossa tarefa hercúlea leva uma vida inteira de esforços. Um único dia, ou mesmo alguns dias, em que você não for considerada a mãe do ano não vai prejudicar seus filhos. É a intenção de acertar que fica. São as lições de tolerância e de cuidados pessoais, assim como as expectativas realistas, quando você ensina do que é capaz, que de fato serão úteis mais tarde. Escolha um punhado de coisas que você faz bem como mãe, então faça logo que puder. As outras coisas? Faça o melhor possível e mantenha a tranquilidade mesmo nos dias em que fizer tudo errado.

Com o tempo, meus filhos vão mudar e amadurecer. Acredito que o que me torna tão diferente agora – a empresa que administro – é uma das coisas que vai me tornar "legal" aos olhos deles daqui a uns anos. Espero que esteja criando algo de que vão se orgulhar e mostrando a eles o poder de seguir seus sonhos e o valor do empreendedorismo. Espero muitas coisas para o futuro, mas às vezes elas não me ajudam no momento presente.

Hoje estou em mais uma viagem de trabalho, a terceira em três semanas. Hoje Jackson está nervoso ensaiando suas falas para o teste do musical de sua turma, e isso é difícil para mim, pois sou boa em teatro musical, mas não estarei disponível para ajudá-lo. Hoje Ford está com febre e tosse. Ele anda dependente e relutante na hora de dormir, mas eu não estarei aqui para ajudar Dave esta noite, lá pelas oito horas, quando Ford decidir passar a noite acordado, como um gerente de clube noturno dos anos 1980.

Sempre tem alguma coisa.

Algo que pode me sobrecarregar e me fazer questionar se estou ou não agindo corretamente. A ansiedade que senti quando eles nasceram nunca desapareceu de fato. Ela cresceu como se alguém tivesse colocado fermento. A única diferença entre agora e antes é que sou mais capaz de perceber que essa narrativa é uma mentira. A mãe perfeita é um mito – mas ser uma ótima mãe, na maioria das vezes, é uma possibilidade. Não acredito em uma única melhor maneira de educar. Na verdade, acho que pode ser prejudicial para os nossos filhos tentar impor os ideais de outra pessoa sobre nossa família e como ela deveria funcionar.

Os irmãos Hollis são sarcásticos. Puxaram aos pais. Dave e eu achamos isso hilário e admiramos sua sagacidade. Mas na casa de outra pessoa o sarcasmo deles poderia ser visto como desrespeito. Da mesma forma, sou bastante rígida quando se trata de boas maneiras. Faço questão do *sim, senhora* e do *não, senhor.* Exijo *por favor* e *obrigado*, e, se alguém diz algo inadequado ou rude na mesa de jantar, é convidado a se retirar. Mas em outra família isso pode parecer exagerado. Talvez você arrote recitando o alfabeto depois de cada refeição e todo mundo caia na gargalhada. Se assim for, maravilha. Queridas, não há uma única maneira de ser mãe.

Não há também uma única maneira de ser uma família. Lembram de quando falei para as mães de primeira viagem sobre as exigências diárias: manter o bebê vivo e se manter viva também? Pois é, a lista para crianças mais velhas pode ser maior, mas a intenção é a mesma. Você precisa se preocupar, realmente se preocupar em criar seus filhos para que eles cresçam e se tornem pessoas boas. Você precisa se esforçar *hoje* para garantir que isso aconteça. Haverá dias em que você vai se sair melhor do que o esperado, em outros vai dar ataques e gritar querendo saber quem trocou seus filhos por aquelas crianças mal-educadas e desrespeitosas.

Boa notícia! Amanhã é um novo dia. Amanhã você vai contar até dez antes de perder a cabeça e talvez eles comam cada garfada do jantar que você preparou e falem algo tão engraçado que você vai pensar: *Cara, as pessoas sem filhos não sabem o que estão perdendo!* Como mãe, você terá todo tipo de dias, e precisará aceitar os dias bons, os ruins, os tristes, os incríveis, os mágicos e os infelizes. Você não precisa acertar o tempo todo. Não tem que fazer as coisas como a mãe de qualquer outra pessoa.

Você precisa apenas querer acertar.

Não apenas com eles, mas também com *você mesma*. Não pode cuidar adequadamente de seus filhos ou ensiná-los a ser pessoas plenas e felizes se estiver infeliz e for cruel consigo mesma. Isso significa fazer o melhor que puder por eles. Significa ainda pedir ajuda aos amigos, ao cônjuge, à mãe ou aos recreadores do shopping local quando estiver desgastada e precisando de um descanso, de um tempo sozinha, longe dos preciosos querubins que a estão levando à loucura. Vá à manicure, dê uma corridinha ou convide uma amiga para jantar. Melhor ainda: planeje um fim de semana inteiro, se puder. Imagine dois dias inteiros sem limpar o nariz de ninguém uma única vez. Imagine ser chamada pelo primeiro nome! Você consegue se imaginar dormindo? Nossa, garota, você vai dormir profundamente.

Outra opção é fazer uma massagem. Ou talvez se enrolar no cobertor e passar o dia assistindo aos filmes da Drew Barrymore... O mundo é sua ostra! Imagine-se voltando para casa animada e renovada, com mais paciência para administrar as pirraças, gritos e pedidos para tirar a casca do pão sem ficar com vontade de se trancar no armário. Imagine viver a maternidade a partir de agora sem culpa. Imagine cuidar de seus filhos e de si mesma sem se questionar o tempo todo em relação a cada decisão que toma. É possível.

Também é uma escolha

Você tem que optar por não fazer comparações. Não compare sua família nem se compare com outras mulheres ou mães da escola. Você também não deve comparar seus filhos com os dos seus amigos, muito menos um com o outro. Não estou dizendo que você não deva se esforçar para melhorar como mãe; e, em relação às crianças, seu trabalho é ajudá-las a se tornarem pessoas melhores. Mas, amiga, por favor, por favor, *por favor*, não permita que o medo de errar tire o brilho de seus acertos.

Anos atrás eu tive que fazer uma escolha. Ou aceitava ser uma mãe que trabalhava e me orgulhava do que fazia ou desistia e me comprometia a ser uma mãe que não trabalha fora. A opção de me punir constantemente por conta de minhas escolhas não era justa para meus filhos, muito menos para mim. Além disso, eu não estava dando um bom exemplo a eles. Será que eu realmente queria que eles me vissem perseguindo um sonho enquanto vivia ansiosa como se não tivesse esse direito? Claro que não.

Há alguns anos, quando eu estava tentando emagrecer depois do segundo parto, fui treinar com minha primeira personal trainer. Ela era uma sargentona com predileção por flexão combinada com polichinelo (nitidamente em parceria com o diabo), e eu vomitei mais de uma vez depois de um treino com ela.

Um dia estávamos conversando sobre minha alimentação – na época, eu passava por uma separação difícil da lanchonete Carl's Jr. – e ela me perguntou: "Você daria a seu filho a comida que você come?"

Naquela época eu passava metade do dia sem comer e, em seguida, devorava tudo que estivesse ao meu alcance. Fiquei horrorizada com a pergunta porque eu dedicava muito tempo e energia planejando e preparando o que meus meninos comiam. Não, claro que eu nunca alimentaria meus filhos do jeito que eu me alimento.

Mais tarde, uma versão dessa pergunta virou a boia de salvação que usei para me afastar da debilitante culpa materna. Eu gostaria que meus filhos se sentissem assim? Gostaria que eles perseguissem seus desejos mais profundos, o futuro que iluminasse sua alma – fosse como pai ou mãe em tempo integral, cosmonauta ou empreendedor –, mas não posso duvidar constantemente de sua escolha porque ela não se parece com o que se vê nos feeds das redes sociais? Ai meu Deus, só de pensar nisso meu coração dói. Eu nunca iria querer que, assim como eu, eles duvidassem de seu valor. Nunca iria querer que eles se questionassem a ponto de se sentirem ansiosos. Nunca iria querer que eles pensassem que seu papel como pai ou mãe poderia ser sumariamente desconsiderado enquanto seu filho comia cereais em uma manhã qualquer antes de ir para a escola.

Então, tomei uma decisão.

Vou fazer o melhor que puder e confiar que isso é exatamente o que Deus pretende para essas crianças.

Portanto, escolho as minhas batalhas. Faço o melhor que posso com o tempo que tenho e dou um jeitinho para as coisas que parecem importantes, mesmo que só faça sentido na mente de uma criança de 7 anos. Uma vez, Sawyer anunciou que só gostava dos sanduíches que eu fazia, não gostava dos do pai. Passei a levantar mais cedo todos os dias para preparar o sanduíche dele. Quando Jackson me disse que queria começar a correr comigo, comprei um par de tênis para ele e percorri o quilômetro mais lento que o mundo já viu. E quando ele disse que eu devia ter um colar como as outras mães... comprei um.

Comprei o colar, mas ainda há centenas de razões para eu não me encaixar em tudo isso tão perfeitamente como as outras mulheres. Por exemplo:

Odeio esportes.

Ser uma mãe que participa das atividades relacionadas aos esportes dos filhos é uma espécie de medalha de honra, certo? Seus filhos jogam futebol, vôlei ou fazem ginástica olímpica e você pode acompanhá-los. O Facebook e outras redes sociais estão cheios de fotos de mães torcendo alegremente na lateral das quadras. Minha amiga Kate há pouco tempo me disse que quase perdeu a voz de tanto torcer pelo filho. Adoro Kate por isto: ela é a típica mãe de atleta, presente em todas as etapas de tudo. Mas eu não sou assim.

Amo meus filhos mais do que qualquer outra coisa no planeta. Mas esportes? Bem, esportes não são minha praia. Durante anos eu me culpei por não gostar de dividir nossos sábados com algum jogo ou campeonato. Eu me achava uma péssima mãe porque *deveria* querer assistir aos jogos de futebol dos filhos, mas a verdade é que eu não queria. Ah, claro, eu torcia, gritava e preparava lanches especiais para os dias de jogos, mas por dentro – *sei* que vou ser criticada por admitir isso – eu achava (e ainda acho) meio chato.

Meu marido? Ele não poderia ficar mais feliz. Ele adora todos os esportes e suspeito que ver os filhos jogando deve estar na sua lista de três coisas que mais gosta de fazer neste planeta. Mas eu não curto. Quer dizer, fico feliz que os meninos estejam felizes. Que estejam envolvidos em um esporte de equipe, aprendendo os benefícios da atividade física e ganhando autoconfiança. Afora isso? Simplesmente não é uma das minhas atividades preferidas. Sei que algumas pessoas não entendem essa maneira de pensar, porque para elas essas atividades são uma imensa alegria. São exatamente os momentos da maternidade com os quais sonhavam – e acho muito bacana se sentir dessa maneira. É maravilhoso ficar orgulhoso dos filhos, mas o que gera esse sentimento é diferente para cada pessoa.

Se o tempo me ensinou alguma coisa, é que nossas diferenças são o que tornam essa vida especial. Nenhuma de nós é igual a outra, e isso é bom porque *não há maneira certa de ser.* A mãe voluntária que ajuda na sala de aula, a mãe que trabalha fora, a mulher sem filhos, a avó aposentada, a mãe que dorme no mesmo quarto do filho, a mãe que dá mamadeira, a mãe rigorosa, a mãe moderna, a que permite que o filho ande descalço ou que matricula o bebê em aulas de enriquecimento musical já no nascimento – seja quem ou *o que* você for, está acrescentando tempero, textura e nuance nessa grande e bonita sopa que é a maternidade. Posso olhar para outras mães e aprender com elas. Posso também deixar de lado as coisas que não parecem fazer sentido para a *nossa* família. Você pode fazer o mesmo pela sua. Essa é a vantagem de amadurecer, aprender e descobrir exatamente quem você é.

COISAS QUE ME AJUDARAM...

1. ***Examinei os fatos.*** Eu passava muito tempo obcecada com tudo de errado que fazia como mãe. Mas sabe de uma coisa? Meus filhos são incríveis! Claro, eles me deixam doida às vezes, mas tiram notas ótimas, são gentis e acolhedores com todos que conhecem. É a mim que eles procuram quando estão magoados. É a mim que chamam no meio da noite quando têm um pesadelo. Nossos laços são fortes e indissolúveis e não mudam simplesmente porque sou uma mãe que trabalha fora. Examine os fatos em sua vida. Se você está criando piromaníacos que maltratam os idosos... bem, talvez precise procurar ajuda. Mas se seus filhos são pessoas boas na maior parte do tempo, então relaxe.

2. ***Fiz amizade com as outras mães.*** Sim, procure se entrosar com aquelas com quem seus filhos a comparam. Sim, aquelas com quem você se compara. Se elas forem seres humanos normais, então é possível que elas lhe digam que também se perguntam se estão errando com os filhos. Sim, a mãe da Samantha, que costurou cem lantejoulas em cem botões no chapéu que fez para comemorar o centésimo dia de escola? Sim. Ela também está preocupada com seu desempenho como mãe. O imperador está nu, e a menos que você busque a verdade, nunca vai descobri-la.

3. ***Passei a focar na qualidade.*** Quando fico estressada com meu papel de mãe, em geral é porque sinto que estou passando pouco tempo de qualidade com meus filhos. Tempo de qualidade significa não ficar no telefone nem no computador ou conversando com outro adulto. Em geral, significa ler junto, jogar, ir ao cinema ou cozinhar com eles. É quando foco minha energia neles que me sinto realmente contente por estar fazendo um bom trabalho.

CAPÍTULO 10

A mentira:

EU DEVERIA TER CONQUISTADO MAIS A ESSA ALTURA

Na semana passada encontrei com um grupo de amigas para tomar um vinho e bater papo. As mulheres presentes vinham de diferentes cidades e tinham idades e origens diversas. Algumas eram casadas e tinham filhos, outras não, mas todas eram o que eu chamo de bem-sucedidas. O tema idade surgiu e debatemos se gostávamos ou não de comemorar nossos aniversários e a passagem de mais um ano. O consenso geral foi: *definitivamente não*.

Isto me deu muito em que pensar.

Eu adoro fazer aniversário. Planejo com meses de antecedência e faço listas enormes com as coisas que quero fazer (ficar de moletom o dia todo!) ou comer (creme de espinafre e alcachofra e bolo com confete de sobremesa!). Fico ansiosa e com a mesma alegria infantil que tinha quando estava na pré-escola. Não é apenas da festa em si que gosto. Tenho orgulho de cada ano que passa, e realmente não ligo para minha idade.

Sei que as mulheres não gostam de envelhecer. Esse clichê existe desde que começamos a registrar a história, posso apostar. Mas eu realmente nunca havia perguntado a nenhuma mulher a razão para ela se sentir assim. Então perguntei a esse grupo. Eu queria saber o que tanto lhes desagradava no fato de envelhecerem. Todas responderam basicamente a mesma coisa.

Eu esperava alguma referência a ter uma aparência mais envelhecida ou mesmo a se sentir mais velha fisicamente. Sempre achei que tinha a ver com a juventude perdida, e talvez, para algumas pessoas, isso seja verdade. Mas, para esse grupo, o problema de envelhecer não era o que estava acontecendo.

Era o que *não estava* acontecendo.

Veja bem, todas tinham feito planos. Quando meninas, adolescentes ou mulheres de 20 e poucos anos, elas tinham feito planos de todos os tipos. Pequenos, grandes e mirabolantes, que achavam que já deviam ter realizado havia muito tempo. Apesar de terem conquistado muitas coisas da lista, ainda havia aqueles desejos e sonhos que precisavam ser realizados. Portanto, para elas, os aniversários funcionavam como lembretes de todas as coisas que ainda *não tinham conseguido.*

Algumas se sentiam aquém da meta profissional ou financeira estabelecida. Outras queriam ter se casado ou tido filhos. Elas haviam definido um caminho muito tempo atrás e a passagem de mais um ano sem chegar ao destino pretendido era um lembrete difícil das promessas feitas a si mesmas que estavam quebrando.

Quem não caiu nessa mentira? Já perdi a conta do número de vezes que me culpei porque achei que meus objetivos tinham data de validade. (Uma pequena observação: que atitude pessimista para um dia que supostamente deve ser cheio de alegrias!) No entanto, amigas, precisamos reconhecer que essa mentalidade não traz nenhum benefício. Estamos focando toda a nossa atenção na falta de alguma coisa.

Imagine um bebê dando os primeiros passos. Ele é alegre, gordinho e está conseguindo manter o equilíbrio sem se apoiar na mesa de centro há semanas. Finalmente, *finalmente*, ele dá o primeiro passo ao se afastar da relativa segurança da mesinha e segue cambaleante pelos perigos do tapete da sala até se agarrar ao sofá. Ele chega lá e olha para você com alegria, orgulho e muita animação. Agora imagine você retribuir com um meio sorriso fugaz e perguntar: "Ok, meu filho, muito bem, mas por que você ainda não está correndo?"

Você pode imaginar a decepção que o bebê sentiria? Que tipo de mãe teria essa reação com uma criança que está aprendendo a fazer algo novo? Seria inédito uma mãe reagir com tamanha dureza, criticando o bebê pelo que ele ainda não teve tempo ou experiência de vida para descobrir como fazer. E no entanto... no entanto, fazemos isso conosco o tempo todo.

Nossa autocrítica negativa pode ser mais prejudicial do que o abuso emocional infligido por um pai ou uma mãe detestável. É também muito mais insidiosa porque não há ninguém para bloqueá-la, uma vez que raramente percebemos que está acontecendo. O ato de nos punir por todas as coisas que achamos que estamos fazendo errado torna-se um ruído branco... Com o tempo, nem conseguimos mais ouvir.

E por quê? Porque você achou que viraria sócia da empresa em que trabalha antes de completar 40 anos? Porque você não acredita no quanto engordou depois de ter filhos? Porque sua irmã já é casada e você nem sequer está namorando? Porque você abandonou a faculdade e não tem um diploma? E a cada hora, dia e semana que passa você acha que é tarde demais para recuperar o tempo perdido?

Eu chamo isso de besteira.

Deus tem um timing perfeito. Se você não comunga da mesma fé, pense apenas que as coisas acontecem exatamente como e quando deveriam. Você olha para sua vida e para as oito coisas que achava que deveria ter realizado até os 35 anos e fica deprimida. Mas talvez seja porque ainda não tem a experiência necessária. Você é como o bebê de coxas rechonchudas se equilibrando no meio da sala – talvez precise de mais tempo para dominar a situação.

Ou talvez essa meta não estivesse mesmo destinada a ser sua. Talvez você esteja destinada a algo muito mais legal e que só acontecerá daqui a cinco anos. Talvez tenha que percorrer esse espaço em que se encontra até estar pronta. Nada é desperdiçado. Cada momento prepara você para o próximo. Mas quer você escolha ou não ver esse momento como algo maravilhoso – o momento em que Deus está testando e fazendo você crescer, ou quem sabe moldando-a a partir de experiências mais árduas do que você acha que pode suportar –, tudo isso está contribuindo para torná-la a pessoa que você será, para um futuro que você nem sequer imagina.

Quando decidi tentar engravidar pela primeira vez, pensei que bastava estalar os dedos e pronto, ficava grávida. Demorei oito meses para engravidar. Oito meses de espera, oito meses de lágrimas toda vez que menstruava, oito meses tentando não sentir inveja das grávidas que eu conhecia, oito meses me sentindo triste pelas coisas não acontecerem da maneira que achei que aconteceriam.

Na manhã que fiz o teste e finalmente vi as duas linhas cor de rosa, corri até o espelho para olhar o meu rosto. Fiquei pensando: *Não quero esquecer da minha expressão quando descobri que seria mãe.* Ainda me vejo no espelho, de olhos arregalados e cheios de surpresa e encantamento.

Jackson Cage Hollis nasceu em 30 de janeiro de 2007 e é uma

das maiores alegrias da minha vida. Ele adora jogos de computador, cozinhar comigo e usa várias pulseiras de borracha coloridas no pulso direito o tempo todo porque "elas são legais, mamãe, é por isso". Gente, se eu tivesse engravidado em qualquer momento ao longo desses oito meses de tentativas, não teria tido Jackson.

Deus tem um timing perfeito.

Eu sonhava ser a maior organizadora de eventos em Los Angeles. Queria ter uma equipe grande, um escritório chique e os clientes mais importantes da cidade. Ano após ano eu pensava: *Este ano eu vou precisar de uma equipe de 20 pessoas. Este ano eu vou produzir o Baile do Governador. Este ano eu vou faturar um milhão de dólares.* (Sou uma sonhadora, lembram?) A empresa crescia todos os anos, mas não tanto quanto eu esperava, e eu ficava muito deprimida por não ser tão bem-sucedida quanto gostaria.

Então, meu pequeno blog – que deveria ser apenas uma ferramenta de marketing para a empresa de eventos – começou a ter mais fãs, e eu adorava testar receitas para elas ou ensinar a decorar a sala de estar. No fim, o site se tornou meu principal negócio e a universitária que abandonou a faculdade e não tinha nenhum conhecimento em tecnologia ou de mídia digital se viu administrando uma empresa de mídia especializada em estilo de vida com milhões de fãs. Além disso, esse trabalho é muito mais divertido e gratificante do que os eventos. Se eu tivesse a maior empresa de eventos de Los Angeles com a equipe e o faturamento milionário que esperava, não teria tido tempo para escrever o pequeno blog que veio a se tornar a minha carreira e mudou totalmente o rumo da minha vida.

Deus tem um timing perfeito.

Há quase cinco anos, Dave e eu iniciamos o processo para adotar uma menina da Etiópia. Depois de montanhas de burocracia e quase um ano preparando e preenchendo formulários e validando assinaturas pela centésima vez, fomos oficialmente avaliados e entramos na fila de espera. Depois de dois anos de espera, o programa de adoção na Etiópia implodiu e descobrimos que continuar esperando por uma criança seria inútil. Só nos restou lamentar a perda da vida, e da filha que tínhamos imaginado para nós.

Recomeçamos do zero. Decidimos adotar através do sistema de lar temporário da cidade de Los Angeles, porque reconhecemos que havia muitas crianças necessitadas. Durante esse processo, abrigamos duas meninas e chorei por semanas depois que elas tiveram que ir embora. Dois meses depois, recebemos uma ligação falando sobre gêmeas recém-nascidas que poderiam ser adotadas. Trouxemos as meninas para casa com seis dias de vida, escolhemos nomes para elas e senti um amor que não consigo explicar. Mas, sem que soubéssemos, o pai biológico decidiu que as queria de volta, e cinco semanas mais tarde as bebês que eu já considerava minhas filhas foram levadas de nós.

Eu não sabia o que pensar ou sentir e estava realmente em dúvida se teria condições de tentar adotar novamente. Sabia que estava deixando o medo assumir o controle, que o temor de me envolver emocionalmente só para ter o coração despedaçado de novo me impedia de dar o próximo passo. Em meio a tantas decepções, é difícil não ter medo. Chorei muito pensando: *Senhor, por que colocou esse desejo em meu coração se não era para ele virar realidade? E, Deus, se tentarmos novamente, o senhor não estará enviando meu coração para ser dilacerado, certo? Porque esse processo que envolve justiça, pais biológicos, consultas médicas, traumas e o organismo oficial de adoção é bastante difícil... O senhor não vai nos eviscerar no final de tudo, certo? Certo?!*

Em meio a esses pensamentos assustadores, eu O ouvi me perguntar: *Você tem fé no meu plano ou não?*

E, no final das contas, tudo se resume a isto: fé. A crença de que sua vida vai acontecer como deveria, mesmo quando surgem sofrimentos e dificuldades no percurso. Se eu acredito que Ele tem um plano? Com certeza. Vi a prova disso muitas vezes para pensar diferente. Isso significa que eu tenho que me agarrar a essa crença mesmo quando o processo não é simples, fácil ou seguro.

Eu poderia passar o dia fazendo uma lista para você. Poderia destacar centenas de momentos na minha vida em que achei que deveria ter algo e fiquei muito chateada por não conseguir, mas acabei entendendo, ao analisar o que se passou, que aquilo não deveria ser meu. Hoje sei que foi isso que aconteceu em relação à minha filha. As outras meninas estavam destinadas a serem nossas por pouco tempo, e por algum motivo nós só deveríamos ser pais delas por um breve período. Fizemos parte da jornada uns dos outros, uma parada no longo caminho até o destino final, mesmo que não estejamos lá para ver o outro chegar.

Enquanto releio este capítulo, minha filha está dormindo em uma cadeirinha na mesa da cozinha ao lado do computador. Apenas cinco meses depois que as gêmeas foram embora, cinco meses depois que eu não me imaginava tentando adotar novamente, fomos apresentados a uma mãe por meio de uma agência de adoção independente. Foi um período cheio de ansiedade. Eu estava tão temerosa com tudo o que poderia dar errado – como *tinha* acontecido antes – que mal conseguia pensar. Mas o que resultou dessa experiência foi um relacionamento tanto com Noah quanto com sua família de origem que é tão especial que só poderia ter sido promovido pelo divino. Mais uma vez sou lembrada de que Deus tem um timing perfeito.

Se você tem um objetivo, isso é fantástico! Eu sou uma das pessoas mais motivadas que você já conheceu, e minha lista de objetivos de vida é quilométrica. Mas aprendi que, apesar da minha imensa lista, tenho que ser mais tolerante comigo mesma. Casar aos 25 anos, ficar grávida aos 30 e me tornar presidente da minha empresa antes de completar 40 são metas totalmente aleatórias.

Adivinhe por quê? Porque nenhum desses planos preconcebidos funcionou. O casamento e os bebês vieram bem mais cedo do que eu esperava... e comecei a me sentir bem-sucedida no trabalho bem mais tarde do que imaginava. No fim das contas, as melhores coisas da minha vida nunca estiveram na minha lista.

Hoje pode haver itens na sua lista de pendências, mas você também tem uma longa lista de coisas que *conquistou*. Você já fez coisas pequenas e grandes, objetivos que realizou anos atrás que estão na lista de pendências de outra pessoa. Foque no que você *fez*. Preste atenção nos pequenos passos que deu no tapete da sala com as pernas bambas. Comemore os pequenos momentos. Eles são sagrados, mesmo que não sejam pontos de partida para outra coisa. Nada é mais importante do que hoje.

Deus tem um *timing* perfeito, e é muito provável que, ao não estar onde pensou que deveria estar, você acabe exatamente onde deveria estar.

COISAS QUE ME AJUDARAM...

1. ***Fazer uma lista.*** A sério. Faça uma lista com tudo o que você fez até agora. Melhor: escreva para si mesma uma carta sobre sua tenacidade! Participei de um workshop com Elizabeth Gilbert no ano passado e ela nos pediu que fizéssemos isso, que falássemos da parte de nós mesmas que realizou tanta coisa, que se recusou a desistir. Você quer ver uma sala cheia de pessoas chorando? Dê a elas essa tarefa. Quando você se força a admitir todas as coisas que realizou, percebe que é errado ser tão dura consigo mesma pelas coisas que não alcançou.

2. ***Falar com alguém.*** Muitas vezes não admitimos a maneira como nos sentimos porque temos vergonha. Mas, se você tem

alguém com quem conversar e diz: "Eu me sinto inútil porque não sou uma estrela do rock", experimenta o bálsamo da validação. "Você está brincando comigo?!", a pessoa dirá. "Olhe para todas as coisas que fez! Você é incrível. Pare de ser tão dura consigo mesma!" Não se esqueça: quando você se cala, dá poder às mentiras.

3. ***Definir objetivos, não prazos.*** Adoro objetivos. Eles podem ajudá-la a se tornar uma pessoa melhor... Mas os grandes sonhos não deveriam ter data de validade. Desde que você esteja se esforçando para alcançar as coisas que deseja, não importa se demora um mês ou uma década.

CAPÍTULO 11

A mentira:

OS FILHOS DOS OUTROS SÃO MUITO MAIS ARRUMADINHOS/ ORGANIZADOS/EDUCADOS

Tive a minha cota de palestras para grupos de mães de crianças pequenas ao longo dos anos e acredito que há um lugar especial no céu para quem sobrevive à fase dos filhos em idade pré-escolar.

Na maioria das palestras que sou convidada a dar, perguntam o que eu gostaria de falar sobre educação dos filhos. Às vezes, sugerem caminhos para servir de base, como "Uma jornada rumo ao...".

Nesse caso, tento abordar o assunto a partir do que conheço bem.

Uma jornada pelo lado obscuro do fast-food...

Uma jornada por livros com um triângulo amoroso entre uma humana, um vampiro e um lobisomem...

Uma jornada rumo ao aprendizado das gírias atuais para impressionar os filhos.

Eu me sento, como sempre, e elaboro da melhor forma que

posso algumas ideias para uma discussão ponderada e estimulante sobre o tema proposto. Uma jornada para a compreensão do Evangelho, talvez? Ou: Uma jornada para encontrar a paz.

Mas, quando tento me sentar e escrever meus pensamentos, não consigo organizá-los... O dia a dia atrapalha: as crianças, o trabalho, a hora de ir dormir, de jantar, de tirar a soneca... Tudo atrapalha.

Eu me pego pensando: *Senhor! Como espera que eu fale sobre qualquer coisa se nunca tenho um momento de paz?! Corro de um lado para outro como se meu cabelo estivesse em chamas e o Senhor pede que eu compartilhe meu conhecimento com outras mulheres? O Senhor quer que eu fale sobre minha fé?! Estou tão cansada que não consigo nem soletrar a palavra fé!*

Então escuto aquela voz mansa dizer baixinho: *É disso que eu quero que você fale.*

É provável que esse seja o ímpeto da maior parte das coisas, senão todas, que fiz que repercutiram com outras mulheres e que, portanto, foram bem-sucedidas. Tenho minhas dificuldades e em vez de tentar minimizá-las, ou fingir que não estão acontecendo, eu simplesmente as reconheço em meu trabalho.

Portanto, não vou falar sobre encontrar a paz. Vou falar sobre aceitar o caos. Sejamos honestas: esse é o cenário mais possível, pois não conheço uma só mulher nos dias de hoje que consiga desacelerar por tempo suficiente para encontrar as chaves, muito menos um estado permanente de paz interior. Se alguma vez na vida você alcançou a tranquilidade e o bem-estar interior enquanto criava os filhos, por favor não conte a ninguém. Isso só vai nos deixar tristes, e eu como massa de bolo crua quando estou triste.

Dirijo uma empresa de mídia especializada em estilo de vida que produz conteúdo para mulheres. O pilar dessa empresa é o site, e todos os dias fãs de todo o mundo entram nele para descobrir o que fazer para o jantar, como costurar uma almofada ou como organizar a ida dos filhos para a escola ou as roupas que eles devem experimentar para a próxima estação. Estou relembrando isso para que você não se esqueça de que ganho a vida dando conselhos para as mulheres. Cada aspecto do trabalho que faço existe para facilitar a vida das mulheres.

Isso é fundamental porque estou prestes a compartilhar um capítulo inteiro sobre administrar o caos, enfrentar situações difíceis e aceitar a fase em que você está, mesmo quando ela é uma droga. Uma década fazendo esse trabalho me ensinou alguma coisa, e eu desenvolvi uma teoria bem embasada a esse respeito. Ironicamente, acho que aceitar o caos pode ser o caminho para encontrar a paz.

Já ouviu falar da teoria do caos? Trata-se do campo de estudo da matemática que identifica o comportamento e a condição de sistemas dinâmicos que são muito sensíveis às condições iniciais, uma reação popularmente conhecida como "efeito borboleta". Para deixar bem claro: eu pesquisei isso no Google. Nunca tinha escrito uma frase com as palavras *sistemas dinâmicos* antes deste momento.

O efeito borboleta é um termo antigo baseado na ideia de que, se você rastrear um furacão desde a sua formação, descobrirá que ele foi causado por uma mudança na pressão do ar provocada pelo bater de asas de uma borboleta três semanas antes e do outro lado do mundo.

Isso significa basicamente que as coisas pequenas podem ter consequências enormes.

O caos é: meu filho de 3 anos acordar pelo menos uma vez por noite e insistir em ir dormir na nossa cama, meu site sair do ar e precisar de horas para consertar, meu cunhado ir para o hospital, meu marido viajar por dez dias a negócios, eu com urticária ou paralisia ou vertigem provocada por estresse, derramar um litro de leite, um pássaro fazer cocô no meu cabelo, um bebê fazer cocô no meu cabelo, brigar com o marido, com a mãe, com a irmã ou com a irmã da mãe do marido... Vocês podem preencher a lacuna com o próprio tipo de caos porque *todo mundo* tem o seu.

Cada um de nós vive no caos, e lidamos com isso de uma das três maneiras:

1. ***Ignoramos o caos.*** Este é um dos meus métodos favoritos de gestão de caos. Finjo que ele não existe. Mantenho a concentração e trabalho mais, porque ninguém pode acertar um alvo em movimento.

   O problema de ignorar o caos é que ele é incrivelmente estressante por natureza. É como tentar fingir que não se está doente quando tem uma gripe. Você pode tentar o pensamento positivo, mas no fim o estresse sempre alcança você e seu corpo reage de forma negativa. No meu caso, a reação ao estresse já foi a paralisia e a vertigem. Minha irmã mais velha tem urticária quando está estressada. Uma amiga tem insônia. Você pode pensar que a situação não a afeta diretamente, mas o estresse *vai* se manifestar – e o provável é que seja de uma maneira nada saudável para você ou sua família.

2. ***Enfrentamos o caos.*** Em geral lutamos contra o caos em um campo completamente diferente daquele que precisamos resolver. Assim, em resposta aos nossos relacionamentos estressantes, podemos limpar a cozinha. Depois o quarto e a sala, e mais uma vez a cozinha. Escovamos os cabelos de nossos filhos, lavamos o rosto deles e choramos quando eles derramam ketchup em suas melhores roupas. Fazemos tudo que está ao nosso alcance para ter uma vida perfeita porque talvez o interior corresponda ao exterior.

O problema com o enfrentamento é que sempre perdemos. Acreditar que podemos organizar ou planejar o suficiente para ter certeza de que nada seja difícil só serve para que nos sintamos um fracasso quando a vida é muito dura. A vida é louca e estressante, e às vezes piora antes de melhorar. Perder uma batalha contra a vida cotidiana nos deixa com a sensação de impotência e raiva. Como se tivéssemos perdido o controle.

3. ***Afundamos no caos.*** Ficamos sobrecarregadas pelo trabalho doméstico, pelo trabalho normal, pela família e pelos amigos. Tudo o que vemos se torna estressante. Parece intransponível – e não importa o que façamos, não melhora. Nós nos rebaixamos. Reclamamos. Nos enfiamos embaixo das cobertas e deixamos o caos vencer.

   O problema é que afundar significa sufocar. E, se escolhermos ficar debaixo d'água sem lutar para voltar à superfície, no fim esquecemos como nadar.

Garota, você é mais forte do que isso. Você tem filhos para criar, contas a pagar e uma vida para viver – e não pode fazer isso se escondendo debaixo das cobertas!

Além disso, cada uma destas três opções – ignorar, enfrentar e afundar – é uma plataforma ideal para a falsa boia salva-vidas que é o abuso de substâncias. Você pode usar a comida para evitar enfrentar a vida. Pode ficar bêbada como uma maneira de afogar as mágoas. Pode buscar muitas substâncias negativas para tirar sua mente do caos ao redor – e muitas de nós faz isso sem perceber que está desenvolvendo um perigoso mecanismo de sobrevivência em vez de uma solução definitiva.

O maior problema dessas três alternativas? Qualquer uma delas implica você estar no controle. E até certo ponto isso é verdade... Afinal de contas, a força motriz por trás deste livro é lembrar que você está no controle *de si mesma*. Mas você não pode controlar as ações dos outros nem impedir seus filhos de fazerem pirraça ou o bebê de se sujar ou o cachorro de cavar no quintal ou a máquina de lavar roupas de quebrar. Quando você acha que pode, fica irritada, frustrada e estressada. Além disso, quando você supõe que está totalmente no controle, não reserva um tempo para estabelecer um relacionamento com Deus. Você lança mão de meios alternativos para tentar criar um pouco de paz.

Então quais são nossas opções? Ignorar, enfrentar ou tratar o caos até ficar insensível aos seus efeitos? De jeito nenhum – somos mais fortes do que isso, mesmo que seja difícil pensar assim quando se está enterrada sob uma pilha de roupa suja e rodeada por uma horda de crianças hiperativas.

Há outra opção – uma a que as pessoas raramente recorrem: aceitar a loucura. Curiosamente, as pessoas que conheço que melhor fazem isto são aquelas que vivem de modo mais caótico. São minhas amigas cujos maridos são militares servindo no exterior. Mães de crianças com necessidades especiais. Mães solteiras com três empregos. Acho que é porque elas aprenderam há muito tempo que há beleza no caos, assim como liberdade em não tentar nadar contra a correnteza.

A questão é que Jesus foi um verdadeiro adepto do caos. Ele pregou, ensinou e guiou um rebanho, e no meio de seu tumultuado ministério, aceitava *todo mundo*. Todos estavam autorizados a se unir no amor. Viúvas, prostitutas, leprosos, órfãos, pessoas muito necessitadas, pessoas que trouxeram drama e estresse à vida dele e gente que nem sempre foi simpática ou mesmo amável. E mais: Jesus também nos disse para amá-las. Ele não pediu gentilmente ou disse: "Ei, pessoal, talvez vocês possam..." Não, ele nos convocou para ficar ao lado dos oprimidos. Jesus olhou para eles e disse: "Traga-os." Ele aceitou os desajustados e confusos e disse: "Eis que faço novas todas as coisas" (Rev. 21:5). Em meio ao nosso caos, medo e frustração, está o lembrete: "*Tudo* tem o seu tempo determinado, e há tempo para todo o propósito debaixo do céu" (Eclesiastes 3:1, ênfase minha).

Neste momento você se encontra sentada em sua casa, em seu bairro, em sua cidade, pensando: *Isso é muito difícil. Ninguém mais entende. Não consigo acompanhar. Blá-blá-blá.* E Deus está lá em cima pensando: *Filha boa e perfeita, tenho falado sobre isso desde* Anjos da lei*!*

Estar sobrecarregada não é nenhuma novidade.

Está tendo um dia ou semana difícil? Gritou com seu marido ou está com vontade de arrancar os cabelos? Você não monopolizou esse mercado. Você não é a única. A maneira como você lida com o estresse, no entanto, é onde sua individualidade transparece.

Talvez você esteja lendo isso e pensando: *Ok, entendi. Vamos aceitar esta vida caótica! Mas como faço isso?*

Comece sendo tolerante com você mesma. Todo mundo faz besteira, comete erros, esquece o Dia do Pijama ou confunde com o Dia da Fotografia. Já gritei com meus filhos, com meu marido e comigo mesma. Nada disso me faz bem, tudo isso me deixa arrasada. Perder o controle é muito perturbador. Mas quer saber? Amanhã é outro dia e haverá uma chance de tentar novamente.

Respire fundo. Ache graça da situação e obrigue-se a procurar o que é engraçado mesmo quando não está evidente. Há alguns anos, quando estávamos sendo avaliados para atuar como pais temporários, uma assistente social entrevistou nossos filhos. Sentamos com eles na sala de estar e ela começou a fazer perguntas inócuas enquanto tomavam chá gelado. Ela fazia comentários inofensivos... até perguntar a Ford Hollis, que ainda não havia completado 4 anos:

– O que deixa você feliz? – perguntou ela.

Ele respondeu que gostava de nadar.

– E o que deixa você triste? – continuou ela.

Sem hesitação, ele falou:

– Quando o papai me assusta no meio da noite.

Dave e eu congelamos como cervos diante de faróis. O quê? Do que ele estava falando? E por que escolheu falar disso agora, com a assistente social do serviço de proteção à criança?

– O que quer dizer com quando papai assusta você no meio da noite?

– Você sabe, quando ele vem ao meu quarto no meio da noite e está zangado comigo.

Gente, quando você passa por uma entrevista como essa, já está sob pressão, mas, quando seus filhos falam algo maluco, você pensa que não só vai ser reprovada pela assistência social, como pode perder os próprios filhos.

Mais algumas perguntas revelaram que Ford estava se referindo à noite anterior, quando acordou no meio da noite e tentou se esgueirar para a nossa cama (o que é contra as regras). Papai estava ranzinza por ter de levá-lo de volta para a cama três vezes às duas da manhã. Lembrando agora, a situação foi hilária, mas na hora, antes de conseguir esclarecer a situação, achei que ia ter um troço. Portanto, dê risada nas situações difíceis. Na verdade, quanto mais louca a situação, mais graça você deve ser capaz de extrair dela.

Também encorajo a mim mesma, e a você, a procurar os frutos do Espírito. Para vocês que não cresceram ouvindo e cantando diariamente essa música de um CD de música religiosa antes do café da manhã, os frutos do Espírito são amor, alegria, paciência, paz, amabilidade, bondade, fidelidade, mansidão e autocontrole. Todos valores incríveis, mas acredito que há sempre um em particular de que precisamos numa determinada época. Escolha o fruto que mais combina com você naquele momento, anote-o em papeizinhos e cole-os por todo lado.

Não se esqueça de descansar, cuidar de si mesma, sair para namorar ou fazer as unhas. Reserve um tempo só para você, recarregue suas baterias. Assim ficará mais fácil aceitar toda a loucura quando você voltar para dentro dela.

Encontre uma tribo que esteja num momento de vida semelhante ao seu. Depois de encontrá-la, seja honesta sobre o estágio em que você está e o que quer conseguir. Aprenda a pedir ajuda, e quando alguém oferecê-la, aceite! Aceite toda e qualquer ajuda que surgir – e considere-a um presente de Deus! Perdi a conta do número de mulheres que me perguntam como eu "faço tudo isso". Quando respondo que aprendi a pedir ajuda, elas me olham como se eu fosse uma alienígena.

"Ajuda com o quê?"

Por exemplo, quando sua sogra diz que vai cuidar das crianças de tarde, diga: "Sim, obrigada." Se seu marido se oferece para dobrar a roupa lavada (mesmo quando você não acha que ele é bom de dobrar toalhas), diga: "Sim, obrigada." Se uma amiga diz que vai levar o jantar ou um vinho, mas você se sente mal por excluí-la, diga: "Sim, obrigada." Ou se a escola oferece aulas à tarde que ocuparão seus filhos irrequietos por mais uma hora e meia, diga: "Sim, obrigada."

O que pode lhe dar mais tempo, mais espaço e mais liberdade para encontrar seu equilíbrio? Seja o que for, diga "Sim, obrigada" para isso!

Lembra daquela velha piada sobre o homem que reza para que Deus o salve de se afogar? Alguém aparece num barco e pergunta se ele precisa de uma carona, e ele diz: "Não, Deus vai me salvar." A cena se repete mais duas vezes e ele dá a mesma resposta em ambas. *Spoiler*: o homem acaba se afogando. Quando ele chega no céu, reclama: "Deus, como assim? Eu pedi para você me salvar..." Deus olha para ele e diz: "Cara, eu enviei três botes salva-vidas diferentes e você ignorou todos eles."

Amiga, Deus está lhe enviando todo tipo de botes salva-vidas. Alguns são grandes e óbvios, outros são simples como o empacotador que se oferece para carregar suas compras até o carro. Entre logo na droga do barco!

Lembre-se de Filipenses 1:6: "E estou plenamente convicto de que aquele que iniciou boa obra em vós, há de concluí-la." Nossa, eu adoro esse versículo. Acredito nele, e vi isso acontecer em minha vida repetidas vezes. Você vai superar essa fase. Isso também vai passar. Não jogue sua vida ladeira abaixo por causa de um período difícil.

Também pode ser útil lembrar que alguém está rezando para ter o tipo de caos de que você se queixa. O que quero dizer é que as coisas que você considera muito difíceis podem ser o sonho de alguém. Não digo isso para fazer você se sentir mal nem quero subestimar sua experiência difícil; mas ter essa perspectiva pode ajudá-la a ver que seu caos é na verdade uma bênção gigantesca. Ajustar a visão pode fazer maravilhas.

Por último, lembra-se do efeito borboleta? Bem, vamos considerar uma borboleta real ou, mais especificamente, uma lagarta. As lagartas são incríveis. Elas têm todas aquelas pernas e são muito legais, e há uma série de livros infantis sobre como as lagartas são bonitas. Mas se a lagarta simplesmente escolhesse permanecer como lagarta, se ela decidisse que o caos da metamorfose é demais para ela enfrentar, ela nunca saberia o que poderia se tornar. Você acha que mudar todo o seu ser não é doloroso? Acha que isso não é assustador, difícil e avassalador? Claro que é, mas se ela não lutasse contra o medo, se não permitisse que a mudança resgatasse seu verdadeiro eu, nós nunca saberíamos o quanto ela é linda. E ela nunca saberia que estava destinada a voar.

COISAS QUE ME AJUDARAM...

1. ***Amigas como eu.*** Quero dizer: amigas que estavam recém--casadas quando eu era recém-casada. Amigas que são empresárias. Amigas que são mães que trabalham, ou mães de meninos ou têm filhos em idades semelhantes... Todas são salva-vidas. Ter alguém com quem você possa dividir uma taça de vinho e que se identifique com o seu cotidiano é uma dádiva. Essas amigas são vitais para me dar coragem.

2. ***Prioridades.*** Você pode manter a casa limpa, abrir uma empresa, ficar em casa com um bebê ou conquistar um corpo espetacular malhando sete dias por semana... mas não acho que você possa fazer tudo isso ao mesmo tempo, ou pelo menos não no mesmo ritmo. Sente-se e decida o que é realmente importante para você. Não o que é importante para sua sogra ou suas amigas... Decida o que é realmente importante para *você*. Em seguida, faça isso. Se a casa estiver bagunçada ou você tiver que esperar até o próximo ano para treinar para uma meia maratona, tudo bem – faz parte da vida.

3. ***Vinho.*** Ok, estou brincando. Bem, mais ou menos. Acho que você deve ter algo que a ajude a descontrair. Correr, assistir a séries de TV, beber vinho ou fazer um bolo... Não importa o que seja, encontre algo em sua vida que lhe traga a sensação de deleite ou prazer. Quando estiver muito esgotada, recorra ao que a faz feliz para recarregar as baterias.

CAPÍTULO 12

A mentira: EU TENHO QUE ME DIMINUIR

Fui a uma conferência no ano passado, do tipo em que um guru de autoajuda sobe no palco e faz uma meditação guiada ou grita para que você acredite em si mesma.

Adorei cada segundo.

Como estou sempre analisando maneiras para crescer e me tornar uma pessoa melhor, aprecio a sabedoria em qualquer lugar que possa obtê-la. Ninguém é a fonte de todas as respostas, mas você pode coletar aqui e ali pensamentos e ideias estimulantes. Espero que você aproveite alguns dos conselhos práticos que dou neste livro, mas não encare cada palavra destas páginas como verdade absoluta.

Portanto, leio livros e ouço podcasts, e se alguém que admiro lotar um ginásio nas proximidades para alguns dias de sabedoria, pode ter certeza de que comprarei um ingresso. Foi durante uma experiência desse tipo que tive um insight revelador e inesperado sobre mim mesma.

"Você ansiava mais pelo amor do seu pai ou da sua mãe?", perguntou o orador à plateia. "Não estou perguntando se você amava mais seu pai ou sua mãe... Mas de qual deles você *desejava* mais o amor?"

Do meu pai.

Suponho que isso seja verdade para muitas mulheres – com certeza é para mim. Eis a questão: já fiz muita terapia, sobretudo para trabalhar questões como esta. Então, quando ele perguntou se as pessoas desejavam mais o amor do pai ou da mãe, minha resposta foi do meu pai. Mas *eu já sabia disso*, então não foi nenhuma surpresa.

No entanto, quando ele fez a segunda pergunta, tudo mudou.

"E quem você precisou *ser* para ele ou ela?"

Ou seja: quando criança, o que você achava que devia fazer para receber o amor do seu pai ou da sua mãe?

"Ser bem-sucedida", resmunguei para mim mesma. Tampouco isso era novidade. Como já mencionei, eu sabia muito bem como o fato de ser uma "realizadora" tinha afetado minha vida adulta.

"Além disso", o homem no palco continuou, "o que mais você precisava ser?"

"Pequena."

A palavra saiu da minha boca de maneira automática. Antes desse momento, posso afirmar que eu nunca tinha pensado a esse respeito.

De onde veio isso? O que eu queria dizer com essa resposta?

Recostei-me na cadeira e, pela primeira vez na vida, refleti sobre o assunto.

Acredito que meu pai sempre teve orgulho de mim, mas ele não verbalizava isso a menos que eu me saísse bem em algo. Como era um trabalhador dedicado, ele apreciava as realizações.

Mas por não ter um exemplo de como ser um bom pai, não tinha nada em que se basear. Ele não fazia ideia de como agir com filhos pequenos. A lembrança que tenho da infância é de que eu devia ser vista, não ouvida. Aprendi rapidamente a não criar confusão – nem fazer barulho, a menos que ele quisesse. Às vezes ele queria interagir, conversar ou até mesmo brincar, mas na maioria das vezes queria silêncio.

À medida que fui crescendo, fiquei cada vez mais ciente dessa disparidade.

Garotinha.

Era assim que ele me chamava... mas não de uma maneira carinhosa.

Garotinha, você não tem ideia do que está falando.

Garotinha, o mundo real vai comer você viva.

Garotinha, é melhor crescer rápido.

Garotinha virou palavrão. Eu *odiava* quando ele me chamava assim, mas nunca entendi de fato como aquilo havia me afetado até o dia do simpósio. E não apenas negativamente, mas positivamente também. Eu não seria quem sou se não fosse pela minha infância. Eu não estaria *onde* estou se não fosse pela ética de trabalho que meu pai incutiu em mim. O mesmo homem que elogiava minhas realizações pode ter inadvertidamente me ensinado a persegui-las de maneira um pouco exagerada, mas não se pode culpar o passado pelas coisas que deram errado sem a disposição de também agradecer as coisas que deram certo. Investigar os *porquês* do meu comportamento como adulta é o que me possibilita superar hábitos pouco saudáveis.

Por exemplo: eu costumava ficar pouco à vontade quando falava sobre o meu trabalho. Se você me perguntasse em uma festa o que faço para viver, eu diria algo depreciativo como: "Ah, tenho um blog de estilo de vida." Sem mencionar o fato de ter criado uma empresa de mídia do zero e de administrar hoje uma equipe de onze pessoas. Sem mencionar que meus clientes são algumas das maiores empresas do mundo, que o site tem milhões de visitantes por mês, ou que também sou escritora, conferencista e mãe. Parece arrogante mencionar essas coisas. Fico com a sensação de que falar das minhas realizações deixa as pessoas desconfortáveis.

Não quero ser arrogante principalmente porque aprendi há muito tempo que eu era uma garotinha que não tinha ideia do que estava falando. Crescer e continuar sendo pequena é uma tarefa impossível para qualquer um. Ao participar daquela conferência, entendi como esse dilema havia influenciado a pessoa que me tornei.

Como empresária, tive ótimas oportunidades ao longo dos últimos anos e dei uma desculpa atrás da outra para recusá-las. Eu temia decepcionar os clientes. Temia ser um fracasso. Temia não ser inteligente o suficiente para liderar a equipe na conquista de um novo território.

É difícil escrever isso agora porque passei muito tempo incentivando outras mulheres a realizar seus sonhos. Se você tivesse me perguntado, *é claro* que eu teria dito que estávamos nos desafiando a crescer rapidamente. Mas, ao analisar de verdade minha vida e minha empresa, reconheci a verdade: eu estava me diminuindo. Produzia apenas o suficiente para atrair atenção, mas não estava sendo eu mesma por medo do que poderiam pensar do meu verdadeiro eu.

Quem sou eu de verdade?

Sou mulher e mãe e também sonho em ser uma magnata da mídia. Estou trabalhando para que minha agência de mídia especializada em estilo de vida cresça de maneira exponencial. Sonho em faturar o suficiente para que todas as pessoas incríveis que trabalham para mim – que toparam me ajudar a realizar o *meu sonho* – possam ter casa própria, pagar seus financiamentos estudantis e tirar longas e sonhadas férias em algum lugar ensolarado. Sonho em criar uma organização sem fins lucrativos que ofereça ajuda às mulheres que querem realizar seus sonhos. Estou me esforçando para criar uma empresa em que meus filhos possam trabalhar e se desenvolver. Acredito que os meios de comunicação podem ter um impacto positivo em nossa vida, e criar uma mídia que estimule e encoraje as mulheres tem o poder de mudar o mundo.

Tenho muitos sonhos e metas para mim mesma, e nenhum deles é pequeno. São grandes, ousados e cheios de esperança. Exigem muita audácia, coragem e fé. *Posso não chegar* lá, aliás, *não vou chegar* lá a menos que comece a aceitar cada aspecto do meu caráter, incluindo as características que deixam as outras pessoas desconfortáveis.

Foi isso que passou pela minha cabeça aquele dia na conferência: não posso continuar a viver pela metade simplesmente porque os outros têm dificuldade para lidar com o meu eu completo.

Há pouco tempo, estava em outra conferência quando vi o mesmo acontecer com muitas mulheres ao meu redor. Eram 400 mulheres inspiradoras, empreendedoras e as ouvi repetindo as mesmas coisas:

"É só o meu hobby."
"Isso é algo que eu faço paralelamente."
"Meu trabalho é ser mãe, mas este é um ótimo bico."

Gente, não estamos falando de mulheres que por acaso vendem as antiguidades que têm em casa no site Etsy. Essas mulheres administram empresas e equipes. Algumas faturam centenas de milhares de dólares por ano, mas ainda assim ouvi a palavra *hobby* várias vezes.

Isso me fez perceber que não sou a única que está se diminuindo para fazer os outros se sentirem mais confortáveis.

É difícil para quem não nos compreende ser solidário. Quando se analisa a questão friamente, esse é o cerne do problema com meu pai. Ele não conseguia lidar com uma criança pequena, muito menos com uma menina. Então, como não me entendia, muitas vezes silenciou as características em mim que o deixavam desconfortável.

Mulheres que trabalham fora às vezes precisam enfrentar sistemas patriarcais. Mães que trabalham fora sofrem retaliações de sogras ou parentes que não conseguem entender seu desejo de ter uma carreira, enquanto mães que não trabalham fora nos acusam de não dar atenção aos filhos. Aposto que as mães que ficam em casa se sentem de alguma forma julgadas pelas mulheres que trabalham fora e que não entendem sua escolha. É como se fôssemos crianças em um parquinho tentando dizer apenas o que as outras querem ouvir e escondendo todas as partes que possam não entender. Isso me faz imaginar quantas mulheres estão por aí vivendo seu potencial pela metade e, ao fazer isso, negando o que o Criador planejou para elas.

Você acha mesmo que Deus fez você assim excepcional, maravilhosa, para você negar o seu verdadeiro eu porque poderia ser desgastante para os outros? Não creio que isso seja verdade. Quanto mais penso nisso, mais acredito que Deus me fez assim. Ele sabia que eu teria o coração de uma trabalhadora e que iria querer realizar grandes sonhos. Da mesma forma, ele sabia que outras de suas filhas estavam destinadas a ficar em casa e criar lindos filhos, enquanto outras ainda não quereriam filhos.

Você passou a vida inteira calada por medo do que os outros poderiam pensar? Você é uma empreendedora que chama seu negócio de hobby porque se preocupa com o que a sogra vai dizer ou porque é mais seguro não criar expectativas nos outros? Hesita em voltar a estudar porque acha que não é inteligente o suficiente? Não ousa experimentar algo novo porque tem certeza que vai falhar? Permanece em silêncio mesmo tendo tanto a dizer? Acredita que nunca vai fazer melhor ou ser melhor do que é agora por causa de sua origem familiar? Hesita em admitir em voz alta seus sonhos porque receia que outros zombem de você ou a julguem por suas escolhas?

Garota.

Vivi anos com medo disso. Eu temia que, se soubessem o quanto amo trabalhar, poderiam me questionar como posso fazer tudo isso e ao mesmo tempo ser uma boa mãe. Muita gente questionou meu comprometimento com meus filhos ao longo dos últimos dez anos, e isso influenciou a opinião que passei a ter do que é ser uma mulher trabalhadora. Foi uma longa batalha desde a mãe culpada até a aceitação, e só consegui lidar com essa culpa depois que adotamos nossa filha. Quando ela estava com cerca de seis semanas, precisei fazer uma viagem e alguém me perguntou se eu me sentia culpada por trabalhar fora. É uma pergunta que surge muitas vezes e que eu aposto que a maioria das mães ouve – independentemente de ficarem em casa com os filhos ou optarem por trabalhar fora.

Tenho pensado muito sobre isso nos últimos dez anos de maternidade, ainda mais agora que estou criando uma filha.

E aqui está o que decidi:

Eu me *recuso* a repassar esta narrativa a ela.

Eu me recuso a criá-la com o ideal de que apenas um dos pais é responsável por quem ela se tornará. Fui criada por pais que trabalhavam fora e pela comunidade.

Não vou concordar com a crença de que ter uma mãe com um trabalho de tempo integral significa que ela não é amada e bem cuidada.

Não vou criá-la para acreditar que ter uma carreira (ou não) *está relacionado* com o quanto ela está comprometida com seu parceiro ou o quanto ama seus filhos... caso ela escolha tê-los.

Não direi a ela que o trabalho masculino é somente fora de

casa ou que o trabalho da mulher é dentro de casa. Se ela *decidir* ficar em casa, vamos apoiá-la de todo o coração, mas nunca lhe ensinaremos que só se pode ser um tipo de mulher.

Isto é importante porque seus irmãos serão informados pela sociedade de que suas opções são infinitas, e ela verá na mídia que seu mundo é limitado.

Eu sei disso por muitas razões, mas principalmente porque *nunca* perguntaram ao pai dela se ele se sentia culpado por trabalhar fora.

À medida que minha filha crescer, ela vai aprender coisas que eu não gostaria que aprendesse. Não tenho controle sobre isso, mas posso controlar o tipo de mulher que ela terá como exemplo. Eu, como mãe, acredito que Noah, minha filha, foi assombrosa e maravilhosamente feita por um Deus que imaginou seu lugar neste mundo muito antes de qualquer um de nós nascer.

E acredito que a mesma coisa se aplique a você.

Não acredito que você seja um erro – e sentir-se culpada por ser quem é (trabalhadora, dona de casa, acima do peso, abaixo do peso, culta, sem instrução, emocional, estudiosa, inteligente ou qualquer outra coisa) é um desserviço a si mesma e ao Criador que a fez.

Existem centenas de maneiras de se perder, mas a mais fácil é se recusar a reconhecer quem você realmente é.

Você – seu *verdadeiro* eu – não é um acidente.

Seus sonhos não são tolos. Na verdade, eles são o mapa do caminho para seu chamado divino! Não deixe de atender. Não deixe que a opinião de alguém sobre você determine seu valor. Não perca a chance de viver as incríveis possibilidades à sua frente.

Você não foi feita para ser pequena.

Você não é uma garotinha.

Você é uma mulher adulta, e está na hora de crescer. Torne-se a pessoa que Deus quer que você seja.

COISAS QUE ME AJUDARAM...

1. ***Uma disposição para ofender.*** Aqui, *ofender* não significa "contar um monte de piadas cruéis sobre *mães*". Refiro-me a abraçar a ideia de que nem todos podem compreender ou aprovar você, incluindo pessoas muito próximas. Se você for do tipo que gosta de agradar as pessoas, como eu era, isso é especialmente difícil, porque meu instinto é cuidar para que todos gostem de mim em todos os momentos. Então decidi me desviar desse caminho e parar de focar tanto no que as outras pessoas pensavam. Meu foco agora é ser a melhor versão de mim mesma – mas não me interessa se você aprova ou não.

2. ***Uma declaração ousada.*** Para mim, foi uma tatuagem. Eu secretamente desejava fazer uma, mas estava preocupada com o que os outros pensariam. Então, tive uma epifania: *Eu decido quem sou.* Escolhemos esta vida e esta *persona* todos os dias. Escolhemos ser a mãe dona de casa que ama cozinhar e fazer pilates. Escolhemos ser uma hipster que adora cafés e produtos artesanais. Escolhemos ser uma advogada que corre maratonas e só come alimentos orgânicos. Cada aspecto de nossa *persona*, independentemente do tempo que o cultivamos, é uma escolha que fazemos todos os dias. Isso foi uma *grande* revelação para mim. Por mais estranho que pareça, quando percebi isso, o primeiro pensamento que tive foi: *Vou fazer uma tatuagem no pulso!*

3. ***Um encontro com um guru.*** Muitas vezes eu preciso do insight de um podcast, de um livro ou de uma palestra para ter uma nova perspectiva. Se você se pergunta se está silenciando um lado de si mesma, ou se há coisas que você sabe que quer trabalhar, comece a consumir conteúdo relativo a essa área es-

pecífica. Você pode não adotar cada palavra que ouvir ou ler, mas certamente acumulará um pouco de conhecimento para ajudá-la nessa fase.

CAPÍTULO 13

A mentira:

VOU ME CASAR COM MATT DAMON

Ria quanto quiser, mas acreditei nisso durante *anos*. Já falei muitas vezes sobre a minha obsessão por Matt Damon, principalmente porque é engraçado e eu adoro fazer os outros rirem. E é uma risada fácil porque as pessoas têm dificuldade em aceitar que alguém aparentemente inteligente e sensata acredite que vai se casar com uma celebridade que nunca viu pessoalmente. Mas a verdade é que houve um tempo em que meu maior objetivo era encontrar Matt Damon em Los Angeles e conquistá-lo.

No primeiro ano do ensino médio assistia a *Gênio indomável* sem parar. Até hoje tenho decoradas as falas do filme. Me candidatei várias vezes a empregos na Miramax Films (porque eles produziram *Gênio indomável* e meu cérebro de 18 anos achava que Matt Damon poderia passar pelo saguão a qualquer momento). Em meu último ano na casa de meus pais e no primeiro ano em Los Angeles, foi essa fantasia com Matt em uma armadura brilhante de cavaleiro que me fez seguir em frente. Eu imaginava em detalhes vívidos como nos encontraríamos, o que eu usaria, onde nos casaríamos, como seria nossa casa, com quem nossos filhos se pareceriam... Quando eu ficava deprimida, essas fantasias eram uma luz no fim do meu túnel. Eu realmente acreditava que estava predestinada a realizá-las.

Quando finalmente esbarrei com Matt em uma festa da Miramax – onde eu já trabalhava havia um ano –, ele veio direto para mim, nos fundos do teatro. Na verdade, ele foi direto para o lugar onde eu estava. Meu coração quase explodiu, pois estava acontecendo exatamente o que eu havia imaginado. Ele me viu e de alguma forma sabia que estávamos destinados a ficar juntos. Ao se aproximar, ele disse:

"Com licença!"

Pronto!, pensei.

"Você sabe onde devo me sentar?"

Ele falou comigo porque ele era a celebridade e eu, a garota com a prancheta na mão, não porque sentiu que estávamos destinados a ficar juntos. Eu o acompanhei até seu lugar e o deixei lá sem um pedido de casamento – nem mesmo um convite para sair.

Depois de um ano morando em Los Angeles, a realidade me fez entender que minhas fantasias anteriores eram um sonho infantil.

Mais tarde, tive outra fantasia. Essa foi menos espetacular, o resultado menos transformador, mas fiquei tão obcecada por ela quanto pela do Matt.

Eu queria uma bolsa da Louis Vuitton.

Mais especificamente, eu queria uma bolsa modelo Speedy da Louis Vuitton.

Para quem não sabe, trata-se de uma das bolsas clássicas da marca. É do tamanho de uma bola de futebol americano oficial e na época custava pouco mais de mil dólares.

Mil. Dólares. Para uma bolsa do tamanho da minha cabeça.

Era ridículo, mas mesmo assim eu queria uma. Queria porque ela representava o tipo de mulher que eu sonhava me tornar.

No primeiro verão morando em Los Angeles, fui muitas vezes ao Beverly Center, um shopping sofisticado em Beverly Hills, embora na época eu não pudesse pagar nada além dos seis dólares do estacionamento. Mesmo assim, eu passeava e olhava as vitrines sonhando com o futuro. Foi num desses passeios que avistei a mulher mais glamourosa que já tinha visto na vida – ou, pelo menos, o visual ideal que eu esperava ter um dia. Seu cabelo era sedoso; a maquiagem, perfeita; a roupa, bonita; e, na mão dela, havia uma bolsa Speedy da Louis Vuitton. Melhor ainda? Ela havia amarrado um lenço vintage na alça da bolsa, criando o look mais sofisticado que eu já vira na vida real. Naquele momento, eu me rendi a esse ideal. Algum dia eu seria tão arrumada e estilosa quanto essa mulher. Algum dia eu teria uma bolsa daquela.

Sonhei com aquela bolsa por anos, sabendo que era uma simples fantasia. Mil dólares era uma quantia astronômica para gastar em algo tão fútil, mas ainda assim eu imaginava o que faria com a bolsa. Eu imaginava onde a usaria e como mudaria o lenço a cada estação, ou para combinar com minha roupa. Visualizei a cena em detalhes e criei um plano para transformar o sonho em realidade. Um dia eu abriria uma empresa e um dia essa empresa teria clientes que me pagariam muito dinheiro. A primeira vez que alguém me deu um cheque de 10 mil dólares por uma consultoria, decidi que compraria aquela bolsa.

Demorou anos para acontecer.

Anos economizando e correndo atrás como uma inexpressiva cerimonialista de casamentos. Anos construindo um portfólio de trabalho e uma lista de clientes. Anos cobrando 750 dólares, depois mil dólares, depois mais. Toda vez que eu ia ao shopping, passava pela Louis Vuitton e olhava para a bolsa na vitrine. Em cada reunião e em cada contrato, eu me agarrava àquela visão. Diante de cada *noivazilla*, discurso de padrinho bêbado ou limpeza do confete no carpete do hotel para que os clientes não perdessem o depósito caução, eu pensava: *Vou comprar aquela bolsa Speedy!*

O dia que recebi meu primeiro cheque de 10 mil dólares, fui direto ao banco – e dali para a Louis Vuitton do Beverly Center. Quando saí daquela loja eu era a pessoa mais orgulhosa do mundo.

Uma bolsa é bacana, e a obsessão por Matt Damon é... hum, *interessante*, talvez. Mas por que lembrar disso agora? Por que falar dessa fantasia esquisita ou dessa bolsa pela qual eu tinha verdadeira obsessão quando os outros capítulos carregam tanta importância e seriedade?

Porque acho que minha capacidade de imaginar os sonhos nos mínimos detalhes é uma das principais razões para eu ter conseguido realizá-los. Reflita sobre essa afirmação por um minuto. Grande parte do meu sucesso é construído em minha imaginação. E não me refiro a uma imaginação estilo Tim Burton. Refiro-me apenas à capacidade de escolher um devaneio e, em seguida, focar nele... às vezes por anos.

Uma das perguntas que me fazem com frequência é como manter a motivação. Ultimamente, tenho oferecido ideias viáveis: cerque-se de pessoas inspiradoras (na vida real e nas redes sociais), ouça podcasts motivacionais, escute música bem alto até se sentir inspirada, descubra o que motiva você e, em seguida, repita diversas vezes. Mas se isso parece um conselho que você já ouviu antes, de que vale repetir informações que não são assimiladas? Prefiro aprimorar o que vai fazer uma grande diferença para você, mesmo que soe um pouco estranho. Para mim, uma grande diferença foi visualizar um futuro bem específico.

Acreditar que eu me casaria com Matt Damon estava no limiar da loucura... mas me levou a Los Angeles e a batalhar por um emprego na Miramax Films, o que em seguida me levou à carreira de organizadora de eventos e me fez conhecer meu futuro marido. Na ausência de uma direção clara ou de uma visão real, simplesmente criei uma. Eu me apeguei à ideia de um futuro, então soube em que direção seguir. Ao longo do caminho cresci e entendi para onde estava indo, mas, se não tivesse focado nessa ideia, quem sabe que direção teria tomado, ou, mais importante, como teria escapado mentalmente dos tempos difíceis. Ao sonhar com aquela bolsa, meu objetivo de ganhar um salário decente e de contribuir para a conta conjunta que tinha com meu marido parecia esmagador. Não parecia viável.

Mas reduzi-lo a uma meta menor – no meu caso, comprar uma bolsa – era possível. Tomar uma decisão é importante quando você está perseguindo um sonho, mas não é suficiente. Você tem que investir tempo de verdade focando em tudo que puder relacionado ao sonho. Como ele é? Qual é a sensação? Que nível de detalhes você consegue imaginar? Até que ponto ele parece real em sua mente? Porque meus objetivos são reais para mim. Não tenho a menor dúvida de que posso realizá-los. Tenho absoluta certeza – da mesma forma que tive com Matt ou com aquela bolsa absurdamente cara. Se o sonho vai ou não se tornar realidade não é a questão. A questão é: como conduzir seu navio em uma direção clara? Como se manter no curso mesmo com o mar agitado ou o barco batendo nas pedras? A resposta: com os olhos no horizonte.

Meus sonhos acordada eram uma tentativa de permanecer à tona. Quando a vida ficava turbulenta, turva e difícil de navegar, ter uma visão clara me dava algo em que focar. Recomendo muito.

Você tem uma meta para si mesma? Vou repetir: escreva. É sério. Escreva a sua meta! Imagine-a nos mínimos detalhes. Foque nela sempre que puder. Qual é sensação de levar uma vida saudável? Como você vai se sentir em suas roupas? E o seu emprego dos sonhos? Como será seu primeiro dia na empresa? E o quinquagésimo dia? O que você poderá fazer no seu tempo livre agora que tem esse emprego? Você será mais feliz? Também gosto de lembretes visuais. Mantenho à vista, dentro da porta do armário, lembretes com minhas metas atuais para vê-las sempre que for me vestir (o que faço todo dia, né?).

Lembra quais são elas?

Aposto que sim. Mas vou repetir.

Uma delas é a capa da *Forbes* com as principais empreendedoras milionárias. A segunda é a foto de uma casa de praia no Havaí. Ambas estão há anos na minha lista de desejos... A casa é um daqueles sonhos dourados, difíceis de alcançar. Meu objetivo é comprar uma até os 40 anos... Restam-me cinco anos.

Gente, perdi a conta de quantas vezes, ao me sentir cansada, desencorajada ou *qualquer outra coisa*, fechei os olhos e imaginei meu quadragésimo aniversário na casa do Havaí que sonho comprar. Meus amigos, meus filhos, meu marido e minha família estão lá – todos nós bebemos um coquetel maravilhoso. Eu estou vestindo uma espécie de cafetã lindo, porque, quando você tem dinheiro suficiente para comprar uma casa de férias no Havaí, pode vestir o que quiser, e não vou de jeito nenhum apertar minha barriga. Essa festa de aniversário e a casa aparecem cristalinas em minha mente. Isso me ajuda a focar quando me sinto para baixo.

Às vezes, esses sonhos também funcionam como uma distração.

Quando estou fazendo treinos longos, minha imaginação é uma excelente ferramenta para focar em outra coisa. Na época em que treinei para minha primeira meia maratona, meu único objetivo era terminar a prova sem desmaiar. Na segunda vez, a meta era correr os 21 quilômetros mais rápido do que na vez anterior. Isso significava treinar bem e com mais frequência, alternando corridas longas e corridas ritmadas, e sempre forçando minha resistência. É difícil, vocês sabem, e mexe com músculos que eu não usava desde as aulas de aeróbica na década de 1990!

Quando corro uso esse truque para sobreviver a qualquer treino extenuante – e você também pode usá-lo. É totalmente ridículo, mas sempre funciona para mim.

Acho que a atriz e comediante Mindy Kaling criou a expressão *cardio fantasies*, algo como fantasias cardiorrespiratórias, que é a forma como ela inventa histórias para entreter a si mesma enquanto se exercita. Se ela não criou, alguém por favor registre a marca para mim que vou transformá-la em meu próximo livro e em uma linha de roupa esportiva.

Minha *cardio fantasy* é o sonho louco e grandioso em que costumo me imaginar durante um treino especialmente difícil. Às vezes, a música em meus fones me ajuda a ir até o fim, mas, quando o treino aperta, me imagino de férias com George Clooney em sua casa no lago.

Ria quanto quiser, mas descobri que quanto mais estranha é a fantasia, mais tempo eu fico sem perceber que meus quadríceps estão gritando.

Você não tem a sua própria *cardio fantasy*? Pegue uma das minhas emprestada. Elas são (sem exagero) minha salvação. Você acha que estou tentando ser engraçada, mas juro pelos poderes de Grayskull que fico fantasiando essas maluquices enquanto treino:

Melhor amiga de sua heroína. Você pode ou não saber, mas sou a mais ávida leitora que você já conheceu em toda a sua vida. Não comece uma conversa sobre livros comigo a menos que queira realmente se aprofundar, porque eu vou ficar com vergonha. Não há nenhuma autora na Terra que eu queira conhecer mais do que Deborah Harkness. Como sou supernerd, sei que ela mora perto do lugar onde corro semanalmente. Gosto de imaginar um cenário detalhado, no qual ela está caminhando na mesma trilha, eu a reconheço e nos tornamos grandes amigas que se reúnem toda semana para andar e discutir questões da intrincada trama de seu próximo livro.

Férias com celebridades. Eu não estava brincando quando falei do George Clooney. Gosto de imaginar que faço parte de um grupo de casais de celebridades e estamos passando juntos as férias em algum lugar incrível. Nesse mesmo cenário, meu cabelo é sempre sedoso e a maquiagem como a de J. Lo. Preparo o jantar para todos, e, surpreendentemente, até as atrizes supermagras gostam de bolo de carne e ensopados. Elas pedem meu livro de receitas e todas me amam porque, para uma bilionária magnata da indústria da mídia, sou incrivelmente simples.

Cantando no palco com Lionel Richie. Tenho um monte de músicas de Lionel Richie no meu iPod, então essa foi uma fantasia meio forçada. Em alguma grande festa de aniversário minha (a de 40 anos no Havaí, digamos), Lionel é um antigo amigo da família que me surpreende fazendo um show. Em determinado momento ele me chama ao palco e cantamos juntos... Na vida real eu não canto bem, mas, nesse cenário, eu *arraso* cantando "Dancing on the Ceiling". Mais tarde, no bis, fazemos um dueto inacreditável em "Hello", do qual anos depois os amigos ainda se lembram: "Uau, Rachel, você se lembra daquela vez que você e Lionel cantaram 'Hello'?"

Ryan Gosling ou um dos irmãos Hemsworth. Sou boba demais para ter qualquer fantasia de verdade com esses caras, mas gosto de sonhar com uma situação em que estou com um visual perfeito e falo coisas tão engraçadas e espirituosas que um desses homens sensacionais não consegue se controlar e dá em cima de mim. A decência me obriga a dizer a Ryan/Chris/Liam que sou casada e feliz, mas a imagem deles pedindo para ficar comigo ainda me acompanhará quando eu tiver 90 anos.

Algumas fantasias são essenciais para nos ajudar a alcançar nossos objetivos. Algumas são tolas, mas nos dão algo em que pensar. Mas todas têm seu valor. E suas fantasias serão diferentes das minhas! Talvez você cure uma doença rara ou jante com Oprah. Talvez você converse sobre política com Roosevelt ou experimente vestidos com a estilista Edith Head. A questão é que você não pensa no desafio à sua frente e mantém a cabeça fora d'água.

Portanto, pare de rir da minha maluquice e encontre a própria motivação que precisa para agir.

COISAS QUE ME AJUDARAM...

1. ***Escrever.*** Mais do que fundamental, quando se trata de definir metas, é essencial escrever tudo. Ok, talvez não seus objetivos relacionados a Matt Damon (puxa, gente, eu era uma adolescente!), mas, se você está sonhando com algo para si mesma, anotar num papel seu sonho é muito poderoso.

2. ***Falar em voz alta.*** Nomear seus objetivos também é importante porque muitas vezes é um esforço até admiti-los para nós mesmas. Certifique-se de, ao falar o seu sonho em voz alta, faça-o de forma positiva. Diga: "Estou fazendo mestrado em psicologia organizacional" em vez de "Vou tentar voltar a estudar". Eu dirijo pela cidade repetindo meus objetivos em voz alta, já que ninguém pode me ouvir. Eu os anuncio como se fossem proclamações, como se fosse apenas uma questão de tempo antes de se tornarem realidade.

3. ***Criar um quadro de desejos.*** As fotos dentro do meu closet são muito significativas para mim. Elas são um lembrete constante de aonde quero ir e uma ajuda visual realmente útil para quem não acha que tem uma imaginação forte. Use imagens de outras pessoas para mapear os sonhos em sua mente.

CAPÍTULO 14

A mentira:

SOU UMA PÉSSIMA ESCRITORA

Depois que publiquei meu primeiro livro, *Party Girl*, de vez em quando (leia-se: a cada 11 segundos) eu verificava o Goodreads para ver o que as pessoas estavam dizendo sobre ele. Como sou a típica fã de livros que devora comentários on-line para criar a própria lista "Para ler", ficava muito empolgada em ver os comentários de outras pessoas sobre *um livro que eu tinha escrito*! Era um incentivo incrível para mim – sobretudo enquanto lutava para escrever a continuação – ver as coisas lindas que as leitoras estavam dizendo. Mais de uma vez fui levada às lágrimas pelas palavras de algumas fãs fofas explicando por que amavam meus personagens. O tempo todo eu pensava: *Perfeito! É exatamente isso que eu esperava que vocês vissem nela!* Vivi neste mundo de sonho durante meses. Sinceramente, eu nem sabia que existia outra realidade.

Então, um dia, de repente tudo acabou.

Recebi minha primeira crítica negativa.

É difícil explicar com precisão o que senti ao ver alguém atribuindo duas estrelas ao meu trabalho, mas eu comparo esse momento a um soco no estômago, seguido por um na cara e outro no estômago de novo. Entrei nos estágios iniciais do que gosto de chamar de *luto pela crítica*. O primeiro é, obviamente, a negação. Li e reli a crítica. Acontece que, não importa quantas vezes eu lesse, a leitora continuava achando meu trabalho "banal" e "ridículo". Próximo estágio? Na vida real, o próximo estágio do luto seria a raiva, mas, no luto pela crítica, pelo menos para mim, acreditar nas coisas negativas era muito mais fácil do que acreditar nas coisas positivas. Não, não fiquei com raiva – fui direto para a etapa de negociação. A primeira ideia em minha cabeça de quem quer agradar a todo mundo foi responder e fazer com que ela entendesse as minhas intenções com o livro. Melhor ainda, talvez eu pudesse encontrar uma maneira de sermos amigas! Porque certamente, se nos tornássemos amigas nas redes sociais, *então* ela me conheceria e entenderia melhor o que eu havia escrito. Nesse caso, com certeza, ela não teria desgostado tanto do meu livro.

Fiquei enjoada ao entrar na última etapa do luto pela crítica: a aceitação. Concluí que, se aquela mulher desconhecida estivesse certa, talvez todas as outras pessoas tivessem sido generosas demais com meu livro por se tratar de um romance de estreia. Talvez *aquela pessoa* fosse uma juíza melhor, e eu fosse, de fato, uma péssima escritora.

Eu estava entrando em parafuso.

No meio de tudo, em minha cabeça soou aquela vozinha que me ajuda em tempos de loucura. Não, não se trata de Deus nem do Grilo Falante nem mesmo do meu eu interior. A voz na minha cabeça é a da minha terapeuta, Denise. Deus a abençoe.

Anos atrás, quando eu era bem mais jovem e ansiosa, Denise me disse: "O que outra pessoa pensa de você não é da sua conta."

Deixe-me dizer isso de novo para quem não ouviu.

O QUE OUTRA PESSOA PENSA DE MIM NÃO É DA MINHA CONTA.

A opinião de outra pessoa sobre *você* não é da *sua* conta. Essas palavras são muito poderosas para quem costuma valorizar mais as opiniões dos outros do que as próprias, e elas soam ainda mais profundas quando estamos criando algo. Pode ser um livro, um blog, uma empresa, uma obra de arte ou sua visão sobre a moda. Quando você está criando algo com o coração, você o faz porque *não* consegue não fazê-lo. Você produz porque acredita que o mundo precisa tomar conhecimento de sua criação. Você trabalha, trabalha, depois fecha os olhos e cruza os dedos à espera de que sua criação seja reconhecida. Mas o importante sobre essa coisa mística, mágica, que você está fazendo é o seguinte: você cria porque tem uma habilidade dada por Deus. Você cria como um presente para você e para o poder maior que a abençoou com essa habilidade. Mas você não pode *fazer* as pessoas apreciarem ou entenderem seu trabalho.

Você tem que estar disposta a se expor, mesmo que as outras pessoas não gostem. Mesmo que elas odeiem. Mesmo que elas deem duas estrelas ou nenhuma estrela. Você precisa entender que cada pessoa tem uma opinião, e essa opinião – mesmo sendo a de um especialista reconhecido no assunto – só tem influência no *seu* trabalho se você assim permitir.

Uma crítica ruim não pode me tornar uma péssima escritora. Posso escrever mal?

Sim, *claro*!

O primeiro (segundo e terceiro) rascunho de tudo que escrevo é basicamente lixo. Se eu me recusar a aceitar a crítica construtiva de um editor em quem confio, se eu não me esforçar para melhorar como escritora, se eu repetir a mesma história várias vezes, ou pior, se tentar imitar o estilo de outra pessoa – aí, sim, há uma boa chance de que meu trabalho seja uma porcaria. Mas concluir que algo é ruim simplesmente porque outras pessoas não gostam ou não entendem é uma teoria com a qual não concordo.

Arte e criatividade são muito subjetivas e, *droga*, é difícil encontrar coragem e estímulo para concluir algo. Então, querida, se você vai se esforçar tanto assim em um projeto, vai mesmo permitir que ele seja destruído por algo tão frágil quanto uma opinião?

Como artista ou criadora, você tem que decidir. Tem que escolher um caminho ou viver o resto da vida matando lentamente sua capacidade de fazer um ótimo trabalho por medo do que os outros vão pensar. Você precisa decidir que para você é mais importante criar sua mágica e mostrá-la ao mundo do que a maneira como ela vai ser recebida.

Essa tarefa é muito mais fácil de falar do que de fazer.

Enquanto escrevo este capítulo em meu café favorito, verifico o navegador cerca de trinta vezes. Esta manhã publiquei um artigo em um site para o qual escrevo há anos, mas dessa vez resolvi falar sobre um tema um pouco polêmico – um pouco diferente do tipo de texto que normalmente publico lá. Então agora estou me perguntando: *Será que alguém vai entender? Será que o texto vai ter um bom público?* Ou, pior: *Será que vai despertar a raiva de alguém?*

Mesmo depois de anos me expondo, ainda caio na mentira de que talvez eu seja uma péssima escritora, ou que minha decisão de criar *ou não* deveria se basear na existência de um público. Começo a acreditar que preciso da opinião pública para validar meu desejo de produzir algo, quando a verdade é que eu deveria aceitar minha criatividade porque ela é uma habilidade concedida por Deus. Toda vez que experimento algo novo, preciso lutar contra o desejo de confirmar que será amado para seguir em frente. Como pretendo continuar sendo criativa e tentar coisas novas enquanto estiver viva, isso poderia significar décadas de ansiedade inútil.

Um desperdício de energia.

Será que eu preferiria represar meus pensamentos e ideias criativas? Não. Espero que eles encontrem um alvo, mesmo que repercutam apenas em um pequeno grupo de pessoas. Portanto, preciso perguntar a mim mesma se eu estaria disposta a arriscar ter alguma reação negativa caso meu trabalho repercutisse positivamente com outras pessoas. E se apenas uma pessoa entendesse o meu trabalho e todas as outras o detestassem? E se ninguém gostasse de nada?

Valeria a pena assim mesmo?

Sim.

Minha resposta é sim. Prefiro divulgar meu trabalho independentemente da reação. Prefiro criar em comemoração ao fato de que tenho a capacidade de fazê-lo.

Para mim, a resposta é criar. *Sempre.* Minha forma pessoal de criação é escrever – especialmente palavras que espero que as outras pessoas curtam.

Portanto, tenho duas opções: posso escrever palavras, espalhá-las pelo mundo e esperar que encontrem um alvo, ou posso esconder minha luz debaixo do tapete porque tenho medo de que alguém não goste do brilho.

Prefiro isto.

Prefiro escrever em cafés, aviões e no balcão da minha cozinha. Prefiro aproveitar os minutos entre os treinos de futebol, antes do nascer do sol ou depois que todo mundo foi dormir para digitar, digitar, digitar até ter reunido frases suficientes para formar um livro.

Não faço ideia se você vai amá-lo ou odiá-lo.

Obviamente, espero que você goste e que compre centenas de cópias para todos os seus amigos. Mas, mesmo que isso não aconteça, ainda estarei aqui.

Comecei nesta mesa sozinha, sem ninguém para ler o meu livro. Vou ficar aqui enquanto tiver palavras fervilhando em minha cabeça, tenha ou não alguém para recebê-las.

Quando eu era pequena, passava os domingos (e a maioria dos outros dias) na pequena Primeira Assembleia de Deus onde meu pai era pastor. O acompanhamento musical do culto tinha mamãe no piano e alguns pandeiros espalhados pelo templo. Éramos desafinados e ao mesmo tempo fazíamos harmonias de três vozes de uma forma que só acontece em uma pequena igreja no interior.

À medida que fui crescendo, experimentei a musicalidade tranquila de uma congregação presbiteriana grande, a alegria de um coro gospel urbano e a encenação de uma megaigreja. Já participei de pequenas reuniões de oração na Etiópia, onde eu não conseguia entender uma única palavra, mas *sentia* cada uma delas. Passei horas e horas da minha vida cantando e batendo palmas na igreja, e o que acabei descobrindo é o seguinte:

Para mim, escrever é uma espécie de veneração.

A definição de *veneração* é "sentimento de expressão ou reverência a uma divindade". Criar é a maior expressão de veneração em que posso pensar porque reconheço que o desejo de *criar algo* é uma dádiva divina. A liberdade de arranjar tempo e um lugar seguro para criar essa arte é uma bênção suprema em um mundo onde muitos não têm essa possibilidade. Quando me dedico à arte da criação sem me preocupar com o que o público vai pensar, essa é a arte em sua forma mais pura – e arte pode ser qualquer coisa. Para mim, é a escrita. Para você, pode ser pintura, artesanato ou aulas de balé nas noites de quinta-feira. A avaliação de que algo é bom ou válido é subjetiva, e se você não está preocupada com a interpretação dos outros, então tudo o que você faz é *fantástico*.

Espero que você se lembre disso em sua vida e que crie para si *mesma. Faça isso* para celebrar sua capacidade de criar, independentemente do que os outros pensam.

COISAS QUE ME AJUDARAM...

1. ***Não leio mais críticas.*** Isso é importante. Não faço a mínima ideia do que vocês pensam de qualquer coisa que escrevi desde aquela crítica ruim sobre *Party Girl* tantos anos atrás. Talvez você goste dos meus livros, talvez os use para acender o fogo... Seja como for, isso não afeta meu desejo de continuar escrevendo. Todo mundo é criticado, mesmo que você tenha pedido apenas a opinião de sua irmã supercrítica e tenha sido arrasada pela resposta dela. Ouse este ano e pare de "ler" sua versão das críticas.

2. ***Escrevo para mim.*** Escrevo ficção sobre garotas se apaixonando em Los Angeles. Escrevo livros de receitas de molhos à base de queijo. Agora, estou escrevendo um livro de não ficção sobre as lutas e vitórias da minha vida. Isso não faz o menor sentido. Autores escrevem em um ou dois gêneros e consolidam sua influência em algumas áreas. Conclusão: escrever é a minha arte, meu escape criativo. É meu sonho de longa data realizado, e, portanto, eu a considero sagrada. A escrita nunca foi e nunca será meu trabalho. Não preciso ganhar dinheiro com ela para considerá-la valiosa. Essa é uma distinção importante

para mim porque não quero que as escolhas criativas que estou fazendo sejam baseadas em dinheiro, e não no que está no meu coração e na minha cabeça. Se você tiver o poder de manter um pouco de sua criatividade para si, isso é realmente uma dádiva.

3. ***Eu me divirto com bobagens.*** Brinco de colorir com meus filhos. Desenho com giz na calçada. Assisto a vídeos do YouTube sobre como deixar os olhos esfumados e cintilantes e tento copiar a maquiagem mesmo sem ter aonde ir. Faço coisas bobas e criativas que não servem para nada além da diversão.

CAPÍTULO 15

A mentira:

NUNCA VOU SUPERAR ISSO

Como estou falando sobre as coisas difíceis que enfrentei e conquistei ao longo da vida, seria negligente de minha parte deixar de fora a única coisa que pensei que não conseguiria superar. Qualquer um que já tenha vivenciado algo realmente traumático, independentemente de quais tenham sido as consequências, merece ouvir que não está sozinho.

Existem muitos tipos de trauma, grandes, pequenos, infantis, adultos, mas todos nós pertencemos a um clube no qual não pedimos para entrar. Encontramos solidariedade ao escutar outras histórias... e esta é a minha.

Meu irmão mais velho, Ryan, era engraçado e infalivelmente gentil. Tinha uma habilidade quase prodigiosa de pegar qualquer instrumento e aprender a tocar de ouvido no espaço de um único dia. E era muito bonito. Eu não sabia disso na época porque era mais nova e não pensava sobre essas coisas, mas hoje, quando olho as fotos e vejo seu sorriso convencido e seus incríveis olhos azuis, percebo como era bonito. Quando eu era pequena, ele era meu melhor amigo e companheiro constante. Ainda guardo vividamente na memória nós dois acordados até tarde no quarto, brincando do jogo do alfabeto: "Meu nome é Carla. Estou indo para a Califórnia vender cenouras. Meu nome é David. Vou para Delaware vender doces..."

Na adolescência, ele era meu protetor. E me ensinou como lidar com valentões, como dar socos e como enfiar um macarrão pelo nariz e tirar pela boca. Ele não era necessariamente melhor ou pior do que qualquer outro irmão mais velho, mas era o meu irmão e eu o amava. Até que, quando eu tinha 12 anos, a doença mental tomou conta dele.

Antes de eu completar 15 anos, ele tirou a própria vida.

Sei que a realidade dessa frase é pesada. Mas aqui estou eu admitindo o pior dos piores – a verdade nua e crua da doença do meu irmão, e a destruição familiar que ela provocou.

Não dá para ter essa conversa sem passar por isso. Não conheço outra maneira de oferecer solidariedade a quem viveu um trauma sem que seja descrevendo o meu. Poucas pessoas querem admitir que um membro da família sofre de transtorno da personalidade borderline. Poucas pessoas assumem que o irmão era seriamente deprimido, além de obsessivo-compulsivo, e que passou por vários médicos e incontáveis medicamentos estabilizadores de humor antes mesmo de ter idade suficiente para tirar a carteira de motorista.

Pouquíssimas pessoas contariam que o irmão mais velho, em um momento de desespero, teve acesso a uma arma e deixou que eu descobrisse o corpo.

Não quero falar sobre os pesadelos que vieram depois nem sobre o medo paralisante que senti. Durante anos achei que toda pessoa que estivesse dormindo ou sentada sem se mexer devia estar morta também. Não quero falar sobre os bem-intencionados membros da família que vieram limpar o quarto dele e pintaram a parede suja de sangue com a única tinta disponível naquele dia. Não quero falar que, por causa disso, quando vejo tinta spray prata ainda fico com o estômago embrulhado. Não quero falar sobre as imagens horríveis que ficaram gravadas em meu cérebro, ou sobre a culpa que carrego porque tive muito medo de ficar no mesmo cômodo que o corpo dele até os paramédicos chegarem. Não quero falar sobre os anos de terapia que precisei fazer quando ainda era uma assustada adolescente de 14 anos, ou depois, quando era uma zangada garota de 17 anos, ou ainda já adulta e tendo dificuldades para lidar com a ideia de que precisava preencher a lacuna daquela perda. Não quero falar sobre as inúmeras vezes em que planejei obsessivamente o funeral de meu marido ou de meus filhos como um doentio mecanismo de enfrentamento do medo de que algo poderia acontecer com eles também.

Não quero falar sobre nenhuma dessas verdades sombrias, feias e ocultas... Mas vou fazer isso. Vou falar do meu trauma em seus detalhes mais sórdidos porque quero que saibam que houve um tempo em que achei que não conseguiria superá-lo. Houve um tempo em que mesmo com o futuro estendido à minha frente, tudo o que eu enxergava era sangue, medo e perda.

Mas ainda estou aqui.

E você também.

Ainda estou aqui porque me recuso a permitir que qualquer coisa ou pessoa decida o que vai me acontecer. Ainda estou aqui porque me recuso a deixar que meu trauma tenha a última palavra. Ainda estou aqui porque nenhum pesadelo vai ter mais poder do que meus sonhos. Ainda estou aqui porque não permiti que os tempos difíceis me enfraquecessem; eu os forcei a me fortalecerem.

Recentemente, eu estava assistindo ao documentário *Tony Robbins: Eu não sou seu guru*, e ele disse: "Se você vai culpar os tempos difíceis por todas as coisas que estão erradas em sua vida, é melhor também culpá-los pelas coisas boas!" Fiquei surpresa como isso explicava com clareza a maneira que eu me sentia sobre a morte do meu irmão. Não é esperado que você perceba coisas boas que o trauma revela; há algo perverso e doentio em relação a isso. Parece errado procurar um lado bom, porque isso significa valorizar algo terrível que aconteceu com você. Mas agora reconheço que, se não procurarmos o bem que resultou do trauma que vivemos, então ele não terá servido para nada.

Eu daria quase qualquer coisa para ter meu irmão aqui comigo, ter a chance de conhecê-lo pleno e saudável. Perdê-lo foi tão devastador que eu poderia facilmente ter deixado que o trauma me destruísse. O que aconteceu com meus nervos, meu sono, meu senso de segurança e, pior, com a minha autoconfiança por tê-lo visto daquela forma poderia ter me deixado incapacitada. Em vez disso, criei uma narrativa na minha mente. Mesmo como adolescente, eu costumava pensar: *Você pode fazer isso, Rachel. Você pode fazer qualquer coisa. Pense no que você viveu!*

Quando, aos 17 anos, me mudei para Los Angeles, cidade onde eu não conhecia ninguém e mal conseguia me sustentar, eu me recusei a ceder ao medo. Dormir em um apartamento ruim, comer alimentos da loja de 99 centavos e mal conseguir pagar o aluguel não foi realmente assustador. Eu tinha vivido o verdadeiro terror, portanto sabia a diferença.

Depois de 51 horas em trabalho de parto do meu primeiro filho, já fraca de tão exausta, minha voz interior me lembrou como eu era forte. *Você foi forjada em um fogo pior do que esse... Já lidou com a morte e certamente tem força suficiente para trazer ao mundo esta vida!* Já corri maratonas. Criei empresas. Fui mais longe do que muita gente acharia possível. O tempo todo eu sabia que era capaz disso porque já tinha passado por coisas piores. Se você ainda não passou por nenhuma dificuldade, talvez considere a ideia idiota ou mesmo maquiavélica.

Mas qual é a alternativa? Passamos por algo ruim, e é isso? Acabou? Permitimos que todas as partes feias e difíceis da vida tinjam o restante?

Você não pode ignorar sua dor. Não pode deixá-la para trás completamente. A única coisa que pode fazer é encontrar uma maneira de aceitar o bem que resultou dessa situação – mesmo que leve anos para descobrir o que é.

Perder meu irmão foi a pior coisa que já me aconteceu, mas isso não *define* a minha vida. É possível enfrentar uma situação que vira seu mundo de cabeça para baixo. Você pode sobreviver à perda de um pedaço de seu coração sem perder sua essência, e mais do que sobreviver à perda, você pode prosperar. Porque você merece. Mais importante: Porque viver é a maior honra que se pode dar à pessoa que morreu, mesmo que essa pessoa tenha sido o seu eu mais jovem e inocente.

O caminho do sofrimento ou do trauma severo é uma das coisas mais difíceis que uma pessoa pode enfrentar. Mas não se engane: a única saída é *atravessá-lo*. Dor e trauma são um redemoinho violento que a arrasta para o fundo se você não se esforçar para permanecer à tona. Haverá momentos, especialmente no início, em que você terá que dar tudo de si para manter a cabeça acima das ondas.

Você *precisa* manter a cabeça acima da água. É difícil, mas você é resistente. Mesmo que não se sinta assim naquele momento, o próprio fato de respirar significa que está lutando contra a maré que quer arrastá-la. Não permita que isso aconteça. Depois de um tempo, garanto que será mais fácil avançar pela água, e, no fim, você aprenderá a nadar contra a corrente. A dificuldade da empreitada fortalecerá seus músculos, ossos e tendões – a própria estrutura de seu ser será moldada por essa jornada. Certamente, a mais difícil que você já enfrentou, mas você se tornará algo maior por causa disso. Não tem escapatória. Caso contrário, qual seria o objetivo?

Eu costumava ingenuamente dizer que "tudo acontece por uma razão". Mas eu dizia isso porque ainda não tinha vivido algo tão horrível que me levasse a questionar essa afirmação. Não acredito que tudo aconteça por uma razão específica, mas acho que é possível encontrar um propósito, mesmo na ausência de explicação.

COISAS QUE ME AJUDARAM...

1. ***Fazer terapia.*** Sei que já mencionei isso, mas neste caso vale a pena repetir. Não posso imaginar como teria sobrevivido a tudo sem a ajuda de uma terapeuta confiável. O processo não foi fácil nem divertido, e muitas vezes odiei me sentar naquele sofá e reviver o trauma semana após semana. No entanto, se eu não tivesse feito isso, o trauma ainda estaria me assombrando.

2. ***Falar sobre o ocorrido.*** Não só com um terapeuta, mas pelo menos com mais alguém em que você confia. Assim que nos casamos, contei a Dave tudo sobre o dia em que Ryan morreu. Detalhes que estavam bloqueados dentro de mim havia seis anos desaguaram no espaço sagrado entre nós. Ele não tentou resolver, organizar ou ajustar o trauma. Somente escutou e, assim, incorporou de bom grado minha dor, tornando a carga mais leve para mim.

3. ***Me obrigar a pensar nisso.*** Logo após a morte de Ryan, tive muitos pesadelos e fiquei obcecada com as imagens que vira. Uma terapeuta muito sábia sugeriu que eu reservasse diariamente cinco minutos e me forçasse a lembrar tudo em detalhes até o

tempo acabar. Achei que ela fosse louca. Mas, no fim, saber que eu pensaria no trauma em um horário específico deu a meu cérebro a paz de não rever as imagens em looping. Fez também com que eu me sentisse novamente no controle de meus pensamentos. Sou muito grata por esse conselho, tanto que o passei adiante várias vezes a outros sobreviventes de traumas. Até escrevi sobre isso no meu romance *Sweet Girl,* como o conselho que Max recebe da melhor amiga. De fato, só escrevemos o que sabemos.

CAPÍTULO 16

A mentira:

NÃO POSSO CONTAR A VERDADE

Será que tenho coragem de contar a vocês esta história toda?

É o que me pergunto enquanto escrevo estas palavras. Faz dias que, enquanto minha mente gira com tantas dúvidas e incertezas, eu me pergunto como explicaria tudo isso... Como eu *poderia* contar esta história.

Honestamente? Não quero fazer isso.

Quero guardar esta história para mim, na esperança de que ela magoe menos se permanecer escondida. Mas então entendo que, quando as coisas ficam escondidas, damos poder ao medo, à negatividade e às mentiras. Não vou permitir que isso aconteça. Quero muito ser sincera sobre a nossa experiência – principalmente porque eu não sabia sequer que essa experiência era uma possibilidade e porque gostaria de ter sabido.

Isso teria mudado as nossas escolhas?

Não sei. Mas a esperança de que, ao ser honesta sobre o que aconteceu com nossa família, eu possa capacitar ou informar outras possíveis famílias que planejam adotar é que me leva a escrever estas palavras. Espero ter a coragem de incluí-las neste livro porque, sinceramente, depois de construir uma carreira baseada na honestidade total, hesito contar isso agora.

Mas aqui está.

Quando eu estava grávida de Ford, Dave e eu decidimos que no futuro queríamos adotar uma menina. Como cristãos, somos convocados a cuidar dos órfãos, das viúvas e dos oprimidos. Não se trata apenas de um punhado de palavras da Bíblia. Esses são os princípios da minha fé. Então começamos a pesquisar quais eram as opções e escolhemos uma adoção internacional. Nosso argumento – cuja ironia, atualmente, não me escapa – era que temíamos o envolvimento dos pais biológicos. Fomos ingênuos em relação a muitas coisas naquela época, mas nosso medo era que os pais biológicos pudessem aparecer e levar o bebê embora. Ponderamos que, a um oceano de distância, esse cenário seria impossível. Por fim, reduzimos nossa busca à Etiópia.

Lembro de me sentir sufocada pela burocracia, pelos exames de sangue, pelas visitas domiciliares. Eu não sabia que estávamos no início de uma viagem que duraria quase meia década. Assim, sem qualquer perspectiva real, planejei, sonhei e esperei notícias da agência de adoção sobre nosso avanço rumo ao topo da lista. Ficamos no programa etíope por dois anos.

No fim do segundo ano, fomos avisados de que a Etiópia estava "suspendendo" o programa de adoção, e a agência nos aconselhou a considerar a mudança para um programa de outro país. Fiquei sem saber o que fazer. Mudar para outro país significava recomeçar tudo. Novos papéis, novos encontros, novas listas de espera... Eu acreditava que Deus havia nos convocado para a Etiópia, e achava que, se continuássemos acreditando, Ele daria um jeito.

Decidimos ficar no programa. Todos os meses, recebíamos um e-mail da agência.

Nenhuma novidade.

O escritório do governo que coordena as adoções ainda não retomou os processos.

Nenhuma notícia.

Seis meses depois eles encerraram completamente as adoções para os Estados Unidos.

Fiquei atordoada e insegura. Se Deus havia nos chamado até ali, e se o trabalho, a dor e o medo não deram resultados, qual fora o sentido de tudo? Todos os sonhos que eu tinha de ir à África com minha família para buscar nossa filha fizeram com que eu me sentisse uma boba. Pela primeira vez fiz a mim mesma as perguntas que se repetiriam pelos anos seguintes: *Ainda devemos continuar tentando adotar? Devemos nos contentar com a bênção incrível que são nossos três filhos? Devemos desistir?*

Por natureza, não sou uma pessoa que reflete longamente sobre um problema. Também não sou de desistir. Comecei a rezar, a pesquisar e a vasculhar a internet para decidir o que devíamos fazer.

Talvez estivéssemos destinados a uma adoção dentro do nosso país... Talvez tenhamos passado por tudo porque nosso destino era adotarmos nossa filha nos Estados Unidos e ela talvez nem tivesse nascido ainda. Essa resposta me pareceu fazer sentido, então pesquisei um pouco mais.

Quanto mais eu analisava as opções disponíveis, mais acreditava que devíamos entrar no sistema americano de adoção. A Etiópia nos atraiu por sua permanente crise de órfãos e achamos que, de uma maneira modesta, poderíamos ajudar. Mas o sistema americano enfrentava o mesmo prolema. Havia muitas crianças em Los Angeles que precisavam de amor e cuidado, duas coisas que podíamos oferecer em abundância. Em Los Angeles, você deve antes aceitar funcionar como um lar adotivo temporário para ser inserida no programa de adoção. No início, ficamos assustados com o que isso significaria para nossa família, ou como afetaria nossos meninos. Mas decidimos que valia a pena expor as crianças a essa realidade, mostrando a elas na prática como podíamos ajudar outras famílias.

Entramos no sistema de habilitação como lar temporário para nos capacitar à adoção.

Na época, não sabíamos como essa jornada seria difícil. Não tínhamos entendido que receberíamos um bebê com saúde frágil e que o serviço público não tinha noção da enorme atenção médica necessária. Não sabíamos que eles nos ligariam três dias depois da chegada do bebê e nos pediriam para aceitar a irmã de dois anos, e que nossa família de cinco pessoas viraria uma de sete em questão de dias. Não tínhamos entendido a delicada gestão da relação com os pais biológicos, que eram, em muitos aspectos, eles mesmos meras crianças. Eu não tinha percebido como seria traumático para mim quando as meninas fossem transferidas, o que ocorreu três meses depois.

Sofri com a perda das meninas acolhidas e tentei focar no que sabia agora sobre esse problemático sistema. Achei que se passariam meses antes de receber outra ligação.

Ela veio 34 dias depois.

Eu estava no escritório quando chegou o e-mail da assistente social. Na linha do assunto: *Gêmeas*?

Nunca imaginamos receber gêmeos. Não estávamos inscritos para dois bebês, mas, pelo visto, aceitar receber a irmã da bebê em nossa jornada como lar de acolhimento temporário nos abriu essa possibilidade.

Não recebemos muitas informações sobre as crianças. As meninas tinham três dias de idade. Foram abandonadas pela mãe no hospital... E tínhamos 30 minutos para decidir. Conversamos pelo telefone, enlouquecidos. Gêmeas recém-nascidas? Seríamos capazes? Estávamos prontos para isso depois da perda recente das duas irmãs? Buscamos orientação divina, ligamos para a assistente social e dissemos o maior sim de toda a nossa vida.

Depois de esperar quatro anos por uma ligação do serviço de adoção, quase não dormimos naquela noite. Passamos horas pensando em nomes. Estávamos tão animados que não conseguimos comer no dia em que fomos buscá-las. No hospital, achei que passaria mal enquanto esperava que trouxessem as bebês. E então lá estavam elas – tão preciosas, pequeninas e lindas que me senti a pessoa mais sortuda do mundo só por elas serem nossas. Eu certamente sabia que, na transição de lar temporário para lar adotivo, haveria obstáculos e entraves, mas a história que nos contaram sobre elas nos levou a acreditar que a reunificação com os pais biológicos era uma possibilidade distante. Levamos as gêmeas para casa e não dormimos por dias porque, bem, eram gêmeas recém-nascidas. Mas não ligamos. Foi uma das épocas mais felizes da minha vida.

Quatro dias depois, às dez da noite, a polícia tocou nossa campainha.

Que som áspero e chocante. Fiquei tão surpresa ao ouvir a campainha naquela noite que me perguntei se seria um entregador – para você ver como essa possibilidade era distante para nós. A campainha tocou à noite e meu primeiro pensamento foi: *Será que é a manteiga de amêndoa que pedi?*

Acho que essa é a lembrança mais difícil para mim. Eu a guardo como o último momento de ingenuidade sobre como as coisas realmente funcionavam.

Não era o FedEx.

Eram dois policiais nos informando que alguém tinha ligado anonimamente para a linha direta de abuso infantil denunciando nossa família por conta do acolhimento anterior.

Fiquei parada na varanda, vestida com um short estampado de coraçõezinhos. Minha mente estava enevoada por causa da privação de sono, e eu lutava para entender as palavras que saíam da boca dos policiais.

Nos dias seguintes eu seria informada de como essa prática é comum no sistema de lares temporários. Uma vez que a linha direta de abuso de criança é anônima, qualquer um pode ligar. Qualquer um pode dizer o que quiser. A pessoa pode fazer isso por inveja, para prejudicar a família, para tirar a atenção de si ou por um milhão de outras razões sobre as quais prefiro não pensar mais. Fiquei obcecada por isso durante dias e de nada adiantou. Não importa o que falássemos ou fizéssemos, não havia como escapar. O resultado de uma denúncia desse tipo é uma investigação rigorosa.

Agora, permitam-me fazer uma pausa para dizer que investigar é necessário. Claro que é. Abuso infantil é um crime horrível, deplorável, e, se o sistema não investigar, como vai proteger as crianças que precisam dele? Entendo isso em um nível intelectual. Por outro lado, tive que sentar na minha sala e ouvir alguém do Departamento de Serviços para a Criança e a Família perguntar a meus filhos se "papai e mamãe trocavam tapas quando ficavam muito, muito bravos". Ou se alguém já os "tinha tocado sob suas roupas íntimas".

Nesses momentos, me esforçava muito para ser forte pelos meus filhos. Tentei manter um sorriso no rosto enquanto segurava um bebê de oito dias no colo e dizia: "Está tudo bem, filho, apenas responda sinceramente."

Quando os meninos saíram da sala, solucei em silêncio ao assinar documentos que davam aos funcionários do departamento o direito de puxar os registros médicos dos meninos, rever seus documentos escolares e fazer mais perguntas a eles.

O tempo todo a ladainha se repetia em minha cabeça: *Fui eu quem nos colocou no programa de lar temporário. Expus minha família a este sistema.* Cuidei tanto para garantir que meus filhos não passassem pelo trauma que vivi quando menina, mas, involuntariamente, acabei trazendo-o para nossa família.

Eu não tinha ideia.

Fui extremamente ingênua sobre o que poderia acontecer conosco. Achei que a pior coisa com que teríamos que lidar seria o trauma a que as crianças acolhidas tinham sido expostas... Nunca me ocorreu que poderíamos ser atacados simplesmente por estarmos envolvidos nesse mundo. Eu sabia – *nós sabíamos* – que éramos inocentes dessa suspeita, mas, no fim, em nosso registro constaria a palavra "inconclusivo". Não "inocente", porque como eles podem afirmar com certeza que somos inocentes quando lidam com acusações e a criança em questão é muito jovem para falar? Não se trata de um sistema em que você é inocente até prova em contrário. Neste sistema, você é culpado até o processo ser considerado *inconclusivo*.

Durante este tempo muita gente nas redes sociais perguntava por que eu estava tão magra... Queriam saber qual dieta eu estava fazendo. Foi porque havia semanas os investigadores do Conselho Tutelar estavam sentados em nossa sala questionando nosso caráter, nos perguntando se já ficamos tão irritados a ponto de sacudir um bebê.

Tem certeza, Sra. Hollis? Talvez em um momento em que estava esgotada?

Eu mal comia. Não conseguia dormir sem tomar remédio.

Tudo isso aconteceu enquanto cuidávamos de gêmeas recém-nascidas.

Em meio a esse pesadelo de sofrimento e confusão, descobrimos que as meninas não estavam disponíveis para adoção. O pai biológico queria a guarda. Na verdade, *ele sempre as quis* e nunca nos disseram. Elas *nunca* estiveram disponíveis para adoção.

Estavam em um lar temporário e precisavam apenas de acomodação até a data da audiência. A justificativa para a omissão dessa informação por parte da assistente social era que elas poderiam ser colocadas para adoção em algum momento se ele saísse da linha.

O raciocínio era nojento, mas, sinceramente, não posso culpá-la. Não consigo imaginar quantas fichas de crianças passam por sua mesa toda semana. Não consigo sequer imaginar para quantas crianças ela tenta desesperadamente encontrar um teto. Então, se aparecem gêmeas recém-nascidas precisando de acolhimento e ela não consegue encontrar um lar para elas (algo que mais tarde descobrimos que havia acontecido), você entra em contato com uma boa família que é licenciada para aceitar dois bebês de uma vez? Você menciona que elas foram abandonadas, mas omite detalhes sobre a outra família biológica, porque a alternativa é que elas não tenham para onde ir? Você tira proveito de uma família que é forte e capaz porque o que está em questão são bebês vulneráveis de três dias de idade?

Provavelmente. E foi o que aconteceu conosco.

Estou tentando pensar em como explicar como me senti quando soube disso, mas não tenho palavras.

Recebemos a ligação para acolher as gêmeas após quatro anos de espera na fila de adoção. Parecia uma resposta aos anos de oração, mas logo se transformou em pesadelo.

Quando elas foram levadas, eu me senti enganada. Ludibriada. Completamente arrasada. Mas é importante dizer que, no fundo, nós é que decidimos deixá-las ir. Não fomos tratados com honestidade nesse processo, portanto é importante para mim falar disso aqui: havia a possibilidade de nós termos ficado com as gêmeas. Podíamos ter assinado um contrato de acolhimento por nove, 12 ou 18 meses com o tribunal, prevendo visitas de duas horas, três vezes por semana, ao pai biológico, na esperança de que o processo *talvez* se convertesse em adoção.

Mas não podíamos fazer isso.

Não, isso não é verdade. *Poderíamos* ter feito... mas meu coração estava despedaçado e minha confiança no sistema tinha desaparecido.

Lutei contra mim mesma. Todos os dias durante semanas eu me enfrentava, tentando achar soluções. *Talvez se nós... Mas e se eles... Talvez o pai fosse...*

Também questionei Deus.

Ele mais do que tudo.

Para que serviu tudo isso? Por que estamos aqui? O que fizemos para merecer isto? E as bebês? Aquelas cujo nome eu escolhi e que ninei durante horas enquanto seus corpinhos tentavam expurgar as drogas? Atticus, com aqueles olhos grandes e brilhantes? Elliott, que era menor e precisava de carinho extra? *O que vai acontecer com ela, Senhor?*

Chorei.

Chorei tanto que meus olhos ficavam inchados o tempo todo. Eu chorava quando segurava as meninas no colo. Chorava quando hesitava em segurá-las, quando advertia a mim mesma que não me apegasse. Chorava quando via outras mães recentes no Instagram... Algumas semanas antes, eu achava que fazíamos parte da mesma tribo.

Depois de tudo isso, Dave e eu nos sentimos muito sozinhos. Quem poderia compreender o que tínhamos acabado de viver? As pessoas nem sequer acreditariam se lhes disséssemos que estávamos sendo acusados de algo tão fora da realidade de nossa família. Alguém entenderia que uma pessoa anônima foi tão cruel a ponto de nos arrastar para este cenário horrível só por maldade? Será que as pessoas que estão lendo essa história vão balançar a cabeça e dizer: "Bem, isso é o que você ganha por oferecer seu lar como abrigo para crianças desconhecidas"?

Era uma confusão. Uma enorme confusão – e ainda não havia terminado. Mesmo depois que as gêmeas foram embora, ainda tivemos que suportar a investigação – porque não se tratava apenas de nos julgar aptos para receber as crianças que estão no sistema de adoção; eles julgavam se estávamos preparados para cuidar de *qualquer criança*, inclusive das nossas. Abrimos nossa casa, o histórico médico, os arquivos escolares, acesso a amigos e colegas que pudessem nos validar como pais e – não existia nenhuma evidência que confirmasse a falsa denúncia.

Apesar disso, foi aterrador. Foi desagradável e traumatizante, como se estivéssemos sendo violentados. Tínhamos sido atacados, e durante semanas vivemos em estado de choque.

Tenho medo de escrever essa história. Hesito em contar nossa realidade particular porque ainda acredito que as crianças nos programas de lares de acolhimento merecem defensores. Mas acho que, se tivéssemos sido mais bem preparados para essa realidade – que as denúncias de abuso são uma ocorrência extremamente comum; que as informações que você obtém sobre as crianças muitas vezes são imprecisas ou enganosas; que, independentemente de suas intenções, seu coração pode ser partido de formas que você nem consegue imaginar. Acho que, se soubéssemos dessas coisas, eu não me sentiria tão magoada agora.

Talvez eu pudesse ter me preparado melhor. *Talvez* esse seja apenas o meu desejo. *Talvez* é a palavra que me atormentava. Em meio a toda a dor, aos questionamentos e dúvidas, tínhamos que tomar uma decisão importante: continuaríamos tentando adotar?

Meu instinto dizia *não*.

Não nos sentíamos confortáveis para continuar explorando a adoção internacional e o sistema de lar temporário. Assim, nos restava a adoção independente. Dave preferira essa opção desde o início, mas achei que a necessidade era maior nas adoções internacionais ou no sistema de lar temporário. Mas agora ele estava me pedindo que reconsiderasse essa hipótese, e eu precisava tomar uma decisão rápido.

Uma das maiores dificuldades da adoção é o tempo de espera. Portanto, mesmo que eu não tivesse certeza sobre ir em frente, sabia que, para garantir uma chance no futuro, era preciso iniciar um novo caminho o mais rápido possível. Visitas domiciliares, análises, formulários, centenas de páginas para preencher... É preciso tempo, e infelizmente nada disso é transferível, então tínhamos que começar do zero. Além disso, não sabíamos nada sobre esse mundo, nem sequer como começar. Deveríamos recorrer a uma agência nacional? Contratar um advogado? Tudo parecia muito assustador, sobretudo depois do que tínhamos acabado de passar.

Não tenho palavras para dizer como meu marido foi maravilhoso durante essa fase. Se você perguntar à maioria dos casais interessados em adotar, eles vão confirmar que a ideia partiu da mulher. Estatisticamente, os homens têm mais dificuldade com o conceito de adoção. Decerto existem exceções à regra, mas em geral são as mulheres que encorajam os maridos. Fui eu que optei pela adoção internacional e depois insisti com ele que considerasse o sistema nacional para a adoção. Agora eu estava abalada e desesperançada, mas Dave me encorajou a repensar. Vou me lembrar dessa conversa para o resto da vida... Eu chorando no quintal para as crianças não ouvirem enquanto ele lutava por nosso sonho de ter uma filha.

"Sim, é difícil! Mas nosso sonho não acabou porque *ficou difícil,* Rachel. Nós vamos ter uma filha mesmo que demore mais... O tempo passa de qualquer maneira. Não podemos desistir!"

Foi Dave quem pesquisou um advogado especializado em adoções. Foi ele quem ligou para amigos, colegas e consultórios médicos em busca de referências sobre aonde devíamos ir. Foi ele quem sentou no chão com os papéis espalhados ao redor no primeiro dia de férias enquanto eu digitava o primeiro rascunho deste livro. Foi ele quem escaneou e enviou documento após documento para nossa nova agência de adoção.

O processo de adoção independente me pareceu mais desafiador do que qualquer coisa que havíamos feito antes. Nesse processo, uma mãe biológica escolhe um casal para serem os pais de seu filho – o que significa que o casal está competindo com milhares de outros em todo o país. Significa também que, sempre que surgisse uma mãe cujos critérios combinassem com os nossos, o advogado entraria em contato e pediria que telefonássemos para uma pessoa estranha e tivéssemos as conversas mais surreais. Isso aconteceu três vezes nos dois primeiros meses. Olhando pela lente do otimismo, pode-se dizer que tivemos três oportunidades em um curto período, mas a verdade – estou tentando ser totalmente franca – é que essas experiências foram terríveis. Sei que não deveria ter alimentado esperanças, mas era impossível não me animar depois de conversar com uma mãe biológica. Ela falava sobre a provável data de nascimento, contava sua história e eu começava a pensar: *Ai, meu Deus, e se dessa vez der certo? E se tivermos um bebê em abril?*

Quando não éramos escolhidos, eu me sentia tola por ter ficado esperançosa. E me perguntava se aquilo tudo não era um grande desperdício de tempo ou uma experiência dolorosa que não levaria a lugar nenhum. Será que algum dia teríamos uma filha? *Será que ainda deveríamos querer uma?*, eu me questionava. E a minha tristeza... Será que era desrespeitoso ficar triste quando eu tinha três lindos meninos e outras famílias não tinham nenhum? Eu me sentava no banheiro e chorava enquanto minha mente girava com todas essas perguntas. Nunca encontrei respostas para elas.

Mas eu me apegava à fé. Às vezes, essa fé era fina, como se eu mal conseguisse me segurar nela. No entanto, ela persistia – aquela vozinha que me estimulava a continuar. *Só mais uma etapa,* Deus sussurrava. "Amanhã vai ser melhor", Dave me dizia. *Um dia eu vou segurar minha filha nos braços e entender por que esperei por ela,* eu repetia para mim mesma.

Durante aqueles meses de espera, fui amparada pela fé. Meus passos não eram confiantes nem corajosos como no início da jornada, quase cinco anos antes. Minha caminhada tornou-se cautelosa e insegura. Eu tropeçava às cegas em um caminho que não conseguia ver. Escolhi seguir em frente porque, embora soubesse que seria sofrido, também sabia que dali eu tiraria forças. Eu tinha a opção de olhar para os seis meses anteriores, ou para os cinco anos no total, e ficar com raiva, ou olhar para toda a longa jornada e reconhecer tudo o que nos havia sido dado.

Sabíamos do problema dos órfãos, tanto no âmbito nacional quanto no internacional. Dedicamos tempo, dinheiro, orações e recursos para ajudar algo que não estava sequer em nosso radar antes. É por isso que segui em frente com fé.

Conhecemos e amamos quatro meninas, e, mesmo que nunca mais as vejamos novamente, nossa vida ficou melhor porque convivemos por um tempo. É por isso que mantive a fé.

Nosso casamento se fortaleceu. Quando o casal passa por esse tipo de coisa junto, ou fica mais forte ou se separa. Dave e eu nos entrincheiramos com pilhas de papéis, entrevistas, exames de sangue e perguntas invasivas. Aprendemos a cuidar de crianças com traumas sérios e de gêmeas recém-nascidas que gritavam a noite toda. Rimos e choramos e saímos dessas experiências com mais coragem, ousadia e união. Por isso mantive a fé.

Posso enumerar muitas coisas boas que resultaram de tudo o que aconteceu, e isso me dá coragem para avançar mais um passo. Foi por isso que continuei ligando para as mães biológicas

gicas, mesmo que significasse ficar decepcionada quando não funcionava. Por isso continuei rezando por nossa filha mesmo sem saber quem ela era ou quanto tempo levaríamos para conhecê-la.

É por isso que ainda terei esperanças mesmo quando estiver me sentindo exausta. Por que continuarei contando nossa história mesmo me que me doa falar sobre o que aconteceu. Porque, no fim de tudo, não quero que você veja alguém que passou por um processo longo e intenso para adotar uma menina. Quero que veja alguém que seguiu em frente mesmo quando estava destruído. Quero que veja alguém que manteve a fé porque entendeu que o plano de Deus para sua vida era maravilhoso – apesar de nunca ter sido fácil. E, apesar de não ser fácil, ela era arrojada, corajosa e honesta, mesmo quando era difícil compartilhar a verdade.

COISAS QUE ME AJUDARAM...

1. ***Me jogar.*** Encontrar a coragem de ser honesta sobre quem você é ou sobre o que está passando é como se jogar no lado fundo da piscina e encontrar forças para nadar assim que mergulha na água fria. Não será necessariamente agradável, mas, uma vez lá dentro, não tem mais jeito. Quanto mais tempo você vive honestamente, mais fácil se torna manter a honestidade.

2. ***Procurar outras pessoas que falam a verdade.*** Cerque-se de pessoas que também enfrentaram a dificuldade de falar de seus sentimentos com franqueza. Elas podem contar como se sentiram e como encontraram coragem. E também podem servir de exemplo de quem admitiu suas dificuldades e sobreviveu para falar delas.

3. ***Pesquisar histórias semelhantes.*** Se tivéssemos feito uma pesquisa mais profunda sobrc larcs dc acolhimento em Los Angeles, o que aconteceu não teria sido tão chocante para nós. Ter passado por isso, e conhecer agora outras pessoas que também passaram pela experiência, nos faz perceber que o que vivemos não teve nada de extraordinário. Durante o processo nós nos sentimos muito solitários, e procurar uma comunidade que entendesse nossa jornada teria ajudado muito.

CAPÍTULO 17

A mentira: MEU PESO DEFINE QUEM EU SOU

Quando as pessoas falam sobre divórcio, usam palavras como *doloroso* ou *confuso*. Mas essas palavras são leves demais, fáceis demais para se referir à destruição de uma família. O divórcio é um livro caindo sobre uma casa feita de blocos de Lego. É uma bala de canhão que afunda o outro navio. O divórcio é a destruição que começa no topo e quebra tudo conforme vai descendo. Então, não. *Confuso* não é o adjetivo certo.

Horrível, pavoroso, odioso, arrasador – estes são mais adequados.

Quando eu tinha 16 anos, meus pais estavam no meio de uma separação horrível, pavorosa, odiosa e arrasadora que já vinha se arrastando entre idas e vindas havia sete anos.

Naquela ocasião – nos estertores finais do relacionamento –, eu tinha acabado de tirar a carteira de motorista e ganhar um carro usado. Era um Suzuki Samurai, ano 1989, com câmbio mecânico

– algo que eu não fazia a menor ideia de como funcionava. O carro ficou parado semanas na garagem acumulando poeira – um lembrete desagradável de que ele não estava sendo usado e que eu não era capaz de dirigi-lo.

Sugeri que minha irmã mais velha, o namorado dela ou minha mãe me levassem para dar uma volta no fim de semana, ou mesmo numa tarde durante a semana, e me explicassem as complexidades da troca de marchas. Se eu soubesse como dirigir o carro, poderia ir sozinha para a escola. Poderia conseguir um emprego e começar a guardar dinheiro. Existiam muitas possibilidades do outro lado do câmbio manual.

Um dia, do nada, meu pai decidiu que ele me ensinaria a dirigir. E mesmo em meio à animação de querer aprender a dirigir o carro e poder me virar sozinha, eu sabia que aquela era uma péssima ideia.

Papai tinha um temperamento explosivo. Eu sabia disso desde criança, mas nesse período ele estava bem pior. Só havia se passado um ano e meio desde a morte de Ryan, meu irmão mais velho.

Hoje sei que meu pai estava buscando a normalidade. Estava tentando ser pai para a única criança que continuava em casa. E queria me ensinar a dirigir no carro de Ryan, que eu herdara porque meu irmão não precisaria mais dele.

O que isso devia significar para ele – ou para qualquer um dos outros que haviam hesitado em me ensinar a dirigir no carro do Ryan? Será que papai tinha sido "sorteado"? Ou será que foi o único forte o suficiente para superar a dor e fazer o que precisava ser feito? Outra pessoa poderia ter lidado com as emoções de forma diferente. Minha mãe talvez tivesse chorado, minha irmã talvez tivesse desabafado, mas meu pai... As emoções fortes dele costumavam escalar em uma única direção: direto para o ponto de ebulição.

Na época, eu não entendia nada em relação a sofrimento ou trauma. Tampouco conseguia entender por que meu pai estava tão zangado. Tínhamos ido até a periferia da cidade para eu praticar sem outros carros por perto. Ainda consigo nos ver naquela estrada rural abandonada enquanto ele me dava ordens aos gritos: "Embreagem! Muda a marcha! Acelera! Quantas vezes você vai deixar o carro morrer antes de aprender a fazer isso direito?"

Quanto mais ele gritava, mais eu deixava o carro morrer. Quanto mais eu deixava o carro morrer, mais eu chorava. Quanto mais eu chorava, mais ele ficava irritado.

Não sei se esse episódio durou dez minutos ou uma hora. Só sei que eu fui me encolhendo cada vez mais até começar a tremer. Ele finalmente assumiu o volante.

Voltamos para casa em um silêncio tenso.

Agora, adulta, consigo entender como ele se esforçava para controlar o temperamento com os filhos e como ficava perturbado quando perdia o controle. Executivo, pastor e mais tarde Ph.D., era muito competente no mundo exterior, mas muitas vezes se via perdido em casa. Tenho clareza disso agora. Quando criança, não via nada disso. Passei a maior parte da minha vida com medo de irritá-lo. Em uma situação dessas, em que eu havia fracassado e ele ficado muito, muito bravo, desejei – não pela primeira vez – que eu fosse o filho que ele tinha perdido.

Ele me deixou em casa, que estava vazia. Assustada e confusa, senti náuseas. Então fui até a cozinha.

Venho de uma longa linhagem de comedores emocionais, então meu primeiro pensamento foi que algo na cozinha certamente me faria sentir melhor. Encontrei um pacote de Oreo e peguei dois biscoitos. Estavam tão gostosos que peguei mais um.

Lembro de deslizar para o chão junto aos armários com o pacote de biscoitos na mão. Eu já tinha feito aquilo muitas vezes. A comida é uma companheira descomplicada. Ela nunca me decepcionou. Só que daquela vez algo estava diferente. A cada biscoito que comia, eu chorava mais forte. Então, comia mais. Em algum momento, o barulho em minha cabeça mudou. Deixou de ser sobre meu pai e a razão de ele estar tão bravo. Pensei em mim mesma e em todas as maneiras e razões por que estava errada. *Ótimo*, eu pensei, *coma tudo. Coma até o último biscoito. Coma tudo o que houver na cozinha. Coma até ficar feia e imprestável e o exterior finalmente coincidir com o interior.*

Fiquei sentada no chão, chorando e comendo até passar mal.

Foi a primeira vez que eu me lembro de me punir com comida, mas não seria a última.

Meus problemas com o corpo – a maneira como o via e, por associação, *me* via – não começaram naquele dia, mas acho que deram um salto: de algo que poderia ter me afetado perifericamente para algo que se tornou central na minha vida. Meu peso já não era mais apenas uma parte de mim, como o cabelo ou os dentes. Agora, ele era algo que me definia. Era uma prova de tudo que estava errado em mim.

Mais tarde, naquele mesmo ano, tive mononucleose. Gostaria de poder dizer que foi porque fiquei de amasso com um vampiro adolescente, mas, na verdade, peguei a doença em algum bebedouro da escola. Fiquei de cama por uma semana e mal conseguia engolir, quanto mais comer.

Quando me recuperei, tinha perdido muito peso. Estava tão magra que não conseguia parar de olhar para mim mesma no espelho. Eu queria comprar jeans novos, porque tinha certeza de que minha vida passaria a ser tudo o que eu sempre havia sonhado. Eu seria popular, iria a festas, atrairia a atenção de Edward Cullen... Quero dizer, com o manequim 38 *qualquer coisa* é possível e tudo é provável. Jurei que não recuperaria um único quilo.

Mas eu sentia fome o tempo todo. Sei que dizem que nada é tão gostoso quanto estar magra, mas presumo que quem diz isso nunca provou Nachos BellGrande. Voltei ao meu peso original e ainda engordei um pouco mais.

Quando mudei para Los Angeles aos 17 anos, tinha consciência de como estava deslocada em um manequim 46, e jurei que a geografia era realmente a única coisa que havia me atrapalhado. Estava pronta para me matricular em uma academia, correr uma maratona e comer apenas salada dali para a frente – mas nada disso aconteceu. Uma vida inteira comendo por estresse fez com que eu engordasse um pouco mais após a mudança.

Decidi tentar remédios para emagrecer.

Eu não sei qual era a marca do remédio nem lembro onde o consegui, mas por alguns meses eu e a garota com quem eu dividia o apartamento sobrevivemos tomando pílulas emagrecedoras e *shakes*. Funcionou. Eu diminuí de tamanho e amei tudo sobre o meu novo e diminuto corpo. Claro, sentia fome o tempo todo e vivia com os nervos à flor da pele, mas o jeans caía superbem.

Eu esperava que a vida entrasse rapidamente nos eixos e que meus sonhos logo se tornassem realidade. Notei que os homens estavam me olhando mais, a ponto de a atenção começar a me incomodar. Em qualquer lugar que fosse, sentia os olhares. Achava que os caras me abordariam a qualquer momento quando saía para jantar. Comecei a lançar olhares furiosos para todos os homens em um raio de três metros. Eu não estava normal, mas não tinha consciência disso.

Um dia cheguei mais cedo do trabalho e por acaso olhei pela janela do apartamento. Do outro lado, estavam duas iguanas tomando sol na janela do prédio em frente. Elas eram do tamanho do meu fêmur e estavam lá, na janela da cozinha. Uma delas virou a cabeça, viu que eu estava olhando e me encarou. Você talvez ache que estou inventando, mas juro pela minha vida que pensei que aquela iguana estava olhando a minha alma. Fiquei em transe, não conseguia parar de encarar. Fiquei ali fitando a criatura pelo que me pareceram horas, e tive certeza de que, se não continuasse olhando nos olhos dela (a 30 metros), algo de ruim aconteceria. Lembro-me de pensar a certa altura: *Qual foi a última vez que vi um ser humano? Será que as únicas criaturas que restam na terra somos eu e as iguanas?!* Minha colega de quarto me encontrou assim mais tarde. Quando tentei explicar o que estava sentindo – da maneira mais racional possível para alguém que estava observando iguanas por horas –, ela perguntou: "Você acha que pode ser o remédio para emagrecer?"

Ora...

Fiquei muito agradecida ao descobrir que havia mais seres na terra sobreviventes do Apocalipse, além de mim e das iguanas. Corri, peguei a embalagem do remédio e li a bula pela primeira vez. *Pode causar paranoia grave* era o primeiro efeito colateral citado. Afirmação abençoada!

Parei de tomar os comprimidos e voltei a comer alimentos sólidos. Assim como todas as outras vezes, os quilos começaram a se acumular.

Eu gostaria de poder dizer que a iguana do Apocalipse/paranoia grave foi o fim da minha obsessão com o peso ou com as dietas ioiô, mas não é verdade. Tentei todos os tipos de loucuras. Susan Powter, Suzanne Somers, Atkins, sucos detox... e a lista continua. Cada vez que eu começava uma dieta, inevitavelmente cometia um deslize. O "erro" (comer um pedaço de bolo em uma festa de aniversário, por exemplo) funcionava para o meu cérebro como um sinal de aniquilação total. Um pedaço de bolo significava que eu podia comer o bolo *inteiro*, mais a batata frita, o molho, a pizza e qualquer outra coisa que estivesse ao meu alcance. Então eu reiniciava a mesma odiosa compulsão que surgiu quando eu tinha 16 anos na cozinha de casa com o pacote de Oreo.

Eu havia identificado, em uma idade muito precoce, que mulheres magras eram bonitas. Mulheres magras se apaixonavam e tinham maridos lindos. Elas também tinham carreiras bem-sucedidas, eram boas mães e vestiam as melhores roupas. Não sei se algum dia eu disse essas palavras em voz alta, mas acreditava totalmente nelas.

Dezesseis anos depois, essa não é uma verdade que gosto de admitir. Não gosto de falar sobre minha infância problemática, sobre a voz negativa na minha cabeça ou sobre as mentiras ridículas em que eu acreditava. Não gosto de focar nos erros que cometi, mas eles são como aquela pequena rachadura na lateral da xícara de chá, uma imperfeição que você só vê quando a segura contra a luz. As imperfeições cobrem a superfície da minha vida e ajudam a contar a minha história. Para o bem, para o mal ou para o pior, elas são parte de mim.

Mais tarde, na minha primeira gravidez, engordei, e essa luta piorou muito. Eu queria tanto ser como as celebridades que via nas revistas, que tinham um bebê e saíam do hospital com a roupa de antes da gravidez. Mantive aqueles dez quilos a mais por um ano, e no segundo em que comecei a fazer algum progresso, engravidei novamente. Eu me perguntava se algum dia me livraria dos quilos extras.

Em um livro inspiracional e motivacional comum essa é a parte em que a autora diz que uma jornada de autodescoberta e muita terapia a ajudaram a aprender que o peso não a definia. É aqui que eu deveria dizer que sou merecedora e amada do jeito que sou. Isso é verdade, mas não é o meu objetivo neste capítulo. Não é esse tipo de livro que tenho em mente. Eis o que posso dizer com sinceridade sobre dieta, exercícios e peso, e o que significam na minha vida.

A pessoa que você é hoje é incrível. Você tem muitas qualidades maravilhosas para oferecer ao mundo, e elas são só suas. Acredito que o Criador se encanta com sua complexidade e se alegra quando você demonstra seu potencial.

Também acredito que os seres humanos não foram feitos para ficarem fora de forma e obesos. Acho que funcionamos melhor mental, emocional e fisicamente quando cuidamos do corpo com alimentação, água e exercício. A mentira em que eu acreditava antes era que meu peso me definia, que revelava muito sobre quem eu era. Hoje acredito que não é o peso que nos define, mas o cuidado e a consideração com que tratamos nosso corpo.

Como trabalho na mídia e durante anos incomodei pessoas on-line, sem que fosse essa a minha intenção, já sei que o que vou dizer agora irritará alguns. Já posso imaginar as mensagens que vou receber. A lista de razões pelas quais você ou alguém que você conhece é justificadamente obeso, o trauma que enfrentou... em alguns casos, a comida é o mecanismo de enfrentamento. Ou talvez eu escute o oposto. Talvez você tenha um transtorno alimentar, como anorexia. Você é magra, mas nada saudável porque seu corpo não recebe os nutrientes de que necessita. Talvez você beba todos os dias porque é mãe solteira ou porque está passando por uma fase difícil. Todas essas coisas são justificáveis, todas são razões válidas para não cuidar de si mesma... por um tempo.

Trauma de infância não é uma sentença de prisão perpétua. Sofrimento emocional extremo não garante que sua vida será sempre assim. Sei disso porque sou a prova viva de alguém que escolheu superar o trauma do passado. A razão pela qual sei que isso é verdade é porque o mundo está cheio de pessoas que passaram por coisas mais difíceis do que as que eu passei, e por coisas mais difíceis do que você passou, mas continuam tocando a vida *todo santo dia*.

Você pode escolher manter-se ou não nessa situação. Você pode *escolher* continuar a maltratar seu corpo porque é o que sabe fazer. Pode *escolher* viver naquele lugar porque é o caminho mais fácil. Pode *escolher* se contentar com uma vida pela metade porque nem sequer sabe que há outra opção, ou porque talvez não saiba como sair dessa situação. Mas, por favor, *por favor*, pare de inventar desculpas para os porquês. Por favor, pare de dizer a si mesma que merece essa vida. Pare de continuar nessa vida horrível justificando que é porque ela sempre foi assim. Da mesma forma que você escolheu ficar nesse lugar por tanto tempo, também pode escolher sair dele.

Você precisa ser saudável.

Você não precisa ser magra. Não precisa ser de um determinado tamanho ou forma. Você precisa ser capaz de correr sem vomitar. Precisa ser capaz de subir um lance de escadas sem ficar sem fôlego. Precisa beber pelo menos dois litros de água todos os dias. Precisa se alongar, dormir bem e parar de tomar remédio para qualquer dorzinha que sentir. Precisa parar de encher seu corpo de lixo como refrigerante, fast-food e cafés cremosos com um milhão e meio de calorias. Seu corpo precisa de combustível que ainda não tenha sido processado e sua mente, de um combustível que seja positivo e estimulante. Você precisa se levantar do sofá ou da cama e se mexer. Saia do nevoeiro em que está vivendo e veja sua vida como ela é.

O Criador a ama como você é? Sim! Mas ele lhe presenteou com um corpo com todas as forças, e até com as fraquezas. É uma ofensa à sua alma você continuar a se tratar tão mal.

Portanto, não, este não é o livro em que digo que a resposta para sua luta para perder peso é se amar e se aceitar como você é. Este é o livro no qual digo que, se realmente deseja praticar o amor-próprio, você precisa começar com o corpo físico e se esforçar para descobrir por que isso é um problema. Você acha que eu entenderia meu hábito de comer como compensação emocional se não tivesse feito anos de terapia? Acha que eu compartilharia tão facilmente a história daquele dia com o pacote de Oreo se não tivesse feito tudo ao meu alcance para sair das sombras? Você acha que eu descobri em um passe de mágica como emagrecer depois de viver à base de molho de queijo?

Não. Eu precisei me esforçar.

Tive que estudar e fazer terapia. Experimentei diferentes atividades físicas até encontrar as que me agradam. (Para mim, é corrida de longa distância e musculação.) Tive que lutar contra o desejo de comer compulsivamente quando abria pequenas exceções na minha alimentação saudável – um hábito que levei *anos* para adotar. Tive que ensinar a mim mesma os novos mecanismos para lidar com o estresse (sexo, por exemplo, que só tem vantagens para todo mundo). Tive que descobrir como perder peso e entender que é a coisa mais simples do mundo. Existem milhões de dietas baseadas na ideia de que, se elas podem confundir você ou fazê-la pensar que existe uma solução fácil, então você vai comprar tudo o que lhe venderem. A verdade é que nada mudou.

Se o número de calorias que você consome é menor do que o número de calorias que você queima, você perderá peso. Ponto.

Descobrir refeições saudáveis que você considere saborosas, ou exercícios para experimentar, pode ser mais difícil, mas não deixe que as propagandas a façam acreditar que se trata de algo complexo. Aprender a ser saudável pode ser difícil se você tem hábitos de uma vida inteira para mudar, mas a mecânica da coisa é na verdade muito simples. E uma versão saudável e bem-cuidada de você vale cada minuto desse trabalho.

COISAS QUE ME AJUDARAM...

1. ***Mantras.*** No primeiro livro de ficção que escrevi, a personagem principal anda por toda parte recitando um mantra: "Eu sou forte. Sou inteligente. Sou corajosa." Ela está nervosa e insegura, então repete o mantra o tempo todo. Esse livro é inspirado nos meus primeiros dias em Los Angeles, e esse mantra é exatamente o que eu costumava dizer a mim mesma. Uma vida

inteira acreditando que seu valor – ou a falta dele – é determinado por seu corpo, por seu rosto ou por *qualquer* outra coisa significa que você teve uma vida inteira daquela voz negativa em sua cabeça. Você precisa substituir essa voz por algo positivo. Precisa substituí-la pela verdade oposta – aquilo em que você mais precisa acreditar. Portanto, invente um mantra e o repita mil vezes por dia até que ele se torne real.

2. ***Selecionar a minha mídia.*** Se você está se esforçando para viver de acordo com um determinado padrão, se para todos os lugares que você olha parece haver uma linda modelo de manequim 34, cabelos perfeitos e sedosos, e se toda vez que você vê esse tipo de coisa fica deprimida ou ansiosa, então *pare de consumir esse tipo de conteúdo!* Deixe de seguir as modelos no Instagram. Pare de acompanhar essas páginas no Facebook. Cerque-se de modelos inspiradores e positivos, que focam em sermos fortes e saudáveis. Não estou dizendo que as mulheres que fazem tutoriais de maquiagem ou as modelos fitness do Instagram são ruins (eu, pessoalmente, adoro aquelas garotas!), mas há fases em que seguir o que elas fazem não tem sentido. Seja inteligente em relação a isso.

3. ***Preparação.*** Você tem que se preparar com antecedência para qualquer coisa que queira fazer bem. Ponto final. Quer ter certeza de que vai se exercitar amanhã? Então precisa organizar a bolsa da academia hoje e agendar no calendário o exercício. Quer ter certeza de que vai comer lanches saudáveis em vez dos biscoitos do seu filho? Então é melhor reservar um tempo no início da semana para preparar algumas opções de lanches saudáveis. Se esperar até o último minuto, é improvável que consiga alguma coisa. Quer ter uma vida mais saudável? Planeje como chegar lá.

CAPÍTULO 18

A mentira:

PRECISO DE UMA BEBIDA

A primeira vez que experimentei bebida alcoólica eu tinha 15 anos. Parece chocante, mas, sinceramente, foi uma coisa inofensiva. Minha irmã mais velha, Christina, me deixou dar um gole em seu Midori Sour quando passei a noite no apartamento dela. Ela fez o drinque em um copo plástico que ganhou de brinde, portanto a *apresentação* não era exatamente elegante. A bebida em si era mais doce do que bala e tinha um tom verde neon que em geral só é encontrado em algo radioativo. Eu fiquei animada ao provar porque a experiência fazia com que eu me sentisse mais velha, mas certamente não foi uma porta de entrada para uma festa no Studio 54.

A segunda vez eu já tinha 17 anos. Dividi meia garrafa de tequila barata com minha melhor amiga, Kim. A bebida tinha cor de xarope de bordo – o tipo de bebida de alta qualidade reservada para adolescentes idiotas e marinheiros de folga em terra firme. Vomitamos tudo o que não estava permanentemente preso às nossas entranhas. Eu tinha certeza de que íamos morrer.

É um milagre que isso não tenha acontecido. Outro milagre foi nossa mãe não ter descoberto e nos assassinado a sangue-frio.

Essas duas primeiras experiências estão bem claras em minha memória porque foram muito marcantes. O álcool não esteve presente no fim da minha adolescência e fez uma rara aparição quando eu estava com 20 e poucos anos. Ah, claro, tomei um pouco de Boone's Farm como qualquer outra garota bobinha e confusa na faculdade, mas beber não fazia parte da minha vida. No dia do meu casamento, tomei uns goles de champanhe. Na lua de mel provavelmente experimentei algum tipo de drinque, que parecia mais com milk-shake do que com qualquer bebida com fins medicinais. Na verdade, eu me lembro de ir a um jantar dançante não muito tempo depois de nosso casamento e outro casal falar sobre a quantidade de vinho que consumiam diariamente. Dave e eu voltamos para casa falando sobre isso.

"Você ouviu quanto vinho ela diz beber? Que louco!"

Sentei-me no meu telhado de vidro e julguei um comportamento que não conseguia entender.

Então tive filhos.

Então eu tive filhos e o vinho se tornou meu melhor amigo. Coquetéis? Eles eram como primos favoritos que você só encontra no Natal, o que equivale a dizer: Só tenho que encontrá-los em ocasiões especiais.

É engraçado ou deprimente admitir que antes de ter filhos eu não entendia por que as pessoas bebiam? Então, de repente, me vi exausta, sobrecarregada e no limite. Descobri que eu poderia tomar uma taça de vinho e magicamente colocar a cabeça na função "mudo".

Quando meus filhos mais velhos estavam aprendendo a andar, beber tornou-se parte da minha rotina. Eu chegava do trabalho, colocava o pijama (porque sutiãs são coisa do diabo) e me servia uma taça de vinho enquanto preparava o jantar.

Na adolescência assisti a *Gata em teto de zinco quente* e me apaixonei por Elizabeth Taylor e Paul Newman, que vivem disputas e conflitos familiares em uma fazenda no sul dos Estados Unidos. Na adaptação cinematográfica da peça, Brick se torna alcoólatra e em determinada cena ele está brigando com Big Daddy (interpretado impecavelmente por Burl Ives) e alega que precisa de um drinque. Ele não para de falar sobre o clique que acontece quando bebe o suficiente e que o faz se sentir melhor.

Meu eu adolescente achava que Paul Newman estava exagerando o efeito do álcool, que a descrição do "clique" fosse para dar efeito dramático. Então comecei a beber vinho à noite ao chegar do trabalho. Sem perceber, cada gole de vinho branco que eu tomava me levava em direção a esse clique. Entre o primeiro gole e o quinto, eu sentia que começava a relaxar. Quando chegava ao décimo, estava totalmente calma, capaz de cuidar de meus filhos com mais tranquilidade.

Uma taça de vinho à noite se transformou em duas taças de vinho à noite. As duas taças viraram um hábito diário cuja quantidade aumentava no fim de semana.

Todas as manhãs eu me levantava meio enjoada ou com dor de cabeça, e nesse caso tinha que tomar um analgésico. Todas as manhãs eu creditava o mal-estar aos hormônios ou ao pouco sono.

Eu me recusava a reconhecer que era uma ressaca diária.

Em reuniões sociais ou eventos de trabalho eu pegava o coquetel ou o drinque temático do evento assim que chegava. Multidões me deixavam em estado de alerta para *não errar*. Eu justificava que, se estivesse mais relaxada, conseguiria estabelecer conversas mais significativas.

O álcool me dava coragem.

Ele me dava coragem para cuidar dos meus filhos. Para conversar com estranhos. Para me sentir sexy. Levava embora coisas como ansiedade, medo, frustração e raiva com uma acidez frutada e sabor equilibrado.

Estou tentando lembrar quando percebi que tudo isso era pouco saudável, mas não tenho uma definição clara do momento em minha mente. Só lembro que um dia eu me flagrei dizendo: "Necessito de uma taça de vinho."

Como escritora, fico muito atenta às palavras. Nesse caso, nesse dia, por acaso a palavra *necessidade* me chamou a atenção.

Necessidade implica algo essencial, indispensável. Portanto, em que momento eu deixei de considerar o vinho um elemento agradável na minha noite para acreditar que era essencial para a minha sobrevivência? A ideia era apavorante.

Apavorante porque eu venho de uma família de alcoólatras e não queria me tornar mais uma. Parei de beber de repente. Desisti de qualquer tipo de bebida alcoólica durante o tempo necessário para entender que ela não é uma necessidade. Após um mês sem beber nada alcoólico e descobrir que o mundo continuava a girar mesmo sem o álcool, senti que estava mais no controle. De vez em quando eu tomava um drinque, mas não sentia mais desejo de beber quando ficava estressada.

E então vieram os filhos temporários.

Entramos nessa de cabeça. Vejo agora que estávamos muito eufóricos com a convivência com as crianças, ávidos para ajudar. Devíamos ter dado um passo atrás antes de concordar com qualquer coisa. Não sabíamos disso naquele momento. Fomos ingênuos em relação ao que viria a acontecer e ao grau de dificuldade que enfrentaríamos, por isso dissemos sim e, como já contei, passamos de pais de três meninos para pais de cinco filhos no espaço de duas semanas.

Foram dias de caos absoluto no sentido mais bonito. Dave e eu entramos verdadeiramente no modo "sobrevivência". Nossa única missão diária era manter cinco crianças ocupadas entre as seis da manhã e as oito da noite. Corríamos pelo quintal, saltávamos na cama elástica e passávamos horas e horas na piscina. Enfrentamos problemas graves de saúde do bebê e o trauma de sua irmã mais velha. Limpamos mil e uma golfadas, beijamos joelhos esfolados e recomendamos que todos fossem gentis pelo menos umas trinta vezes por dia. E, à noite, quando estavam todos aconchegados em suas camas? Bebíamos vodca.

Vinho? Vinho já era. O vinho não alcançaria o nível de exaustão, medo e sobrecarga em que estávamos. A vodca foi meu copiloto e eu estava profundamente grata por sua presença em minha vida. Começaram as visitas aos pais biológicos e as consultas médicas várias vezes por semana. Ficamos entrincheirados no departamento de adoção e lutamos contra um sistema falido no qual estávamos inseridos.

Para que continuar levando bebês para ver pais que não cuidam deles? Por que abrir mão de metade do seu sábado para esperar no parquinho do McDonald's dependentes químicos que podem ou não aparecer, então entregar a eles um bebê inocente e os observar apagar qualquer progresso que você tenha feito com a criança? Por que fazer tudo isto *sabendo* que no fim eles vão ficar juntos e não há nada que você possa fazer sobre isso? Se você for como eu, encontra um jeito. Mas à noite, quando ninguém está olhando, você bebe e, quando a situação fica muito ruim, toma também um Xanax.

Lembro dessa época e fico triste por essa versão de mim mesma. Fico triste pela jovem mãe que precisava de uma taça de vinho à noite e pela mulher que lutava arduamente para manter a cabeça acima da água. De alguma forma sinto que há também um pouco de vergonha, porque, se não consigo ser forte para mim mesma, que eu seja forte pelo menos para meus filhos. Não quero que conheçam uma versão de mim que usava qualquer coisa para aliviar a tensão. Isso me deixa mais sensível em relação à mãe biológica que eu encontrava toda semana no McDonald's, e me faz olhar a dependência dela sob outra luz. E me faz pensar em quantas pessoas têm suas versões dessa forma de lidar com os problemas.

No ano passado, aumentou o número de mensagens que recebo de mulheres preocupadas com a quantidade de álcool que estão ingerindo. A bebida ainda não é um problema realmente, elas dizem, mas... No momento, a família e os amigos acham que elas são a alegria da festa, ou não sabem a quantidade que elas estão consumindo de fato. Elas, porém, temem que o hábito esteja se agravando. Estão engordando e gastando dinheiro. É difícil se afastar da bebida porque é algo muito fácil. Um gole, um *clique* é o que basta para não gritarem com as crianças. Um pouco de álcool faz a diferença entre ansiedade e tranquilidade ou frustração e contentamento.

Nos últimos anos recebi mensagens de pessoas agradecendo minha sinceridade. Diziam que, ao compartilhar minha história, fiz com que não se sentissem mais tão sozinhas. Sabe aquelas mulheres que me enviaram mensagens sobre o quanto bebiam? Elas fizeram isso em retribuição. E também me deram uma realidade poderosa para lutar contra essa mentira: minha luta não é única, portanto não há nada de errado comigo. Se não há nada de errado comigo, não tenho qualquer razão para me medicar.

Não se enganem: beber do jeito que eu bebia é uma forma de medicação. Se a vida estava difícil ou se eu estava sobrecarregada, eu colocava algo em meu corpo para me sentir melhor. Uma solução de curto prazo para um problema que não estava sendo resolvido. Quando o efeito do álcool passava, meus problemas ainda estavam lá. Quando a vodca acabava, eu ainda tinha que enfrentar uma das experiências mais difíceis da minha vida. Ainda tinha que arrumar as coisas daqueles bebês e colocá-los em um carro, com uma assistente social que os levaria de volta para sua família.

Beber pode ser uma tentativa de fuga, mas você não pode escapar da realidade de sua vida para sempre. Pela manhã os problemas ainda estarão lá, só que sua capacidade de enfrentá-los será menor porque seu "remédio" a deixou mais doente.

Na verdade, há apenas uma maneira correta de administrar as tensões da vida: construir um sistema "imunológico" saudável (por falta de uma descrição mais interessante). Paciência aqui: prometo que essas analogias farão sentido em um minuto.

Ao nascer, você chega gritando para o mundo sem nenhuma proteção. Seu sistema imunológico é praticamente inexistente, por isso mães preocupadas como eu mantêm os recém-nascidos embrulhados como esquimós mesmo em pleno verão. Um dia o bebê fica doente pela primeira vez, provavelmente porque um irmão mais velho trouxe para casa algum tipo de virose que pegou na escola. Ficar doente com algo que você nunca teve antes pode ser assustador, mas é necessário para o desenvolvimento de seu sistema imunológico. Ao sobreviver, seu corpo fica preparado para enfrentar esse tipo de doença e outras semelhantes, porque já passou por isso.

Um dia pegamos uma infecção para a qual o sistema imunológico não está suficientemente preparado, e então alguém prescreve antibióticos. Quando eu era pequena, eles prescreviam antibióticos para tudo! Amidalite? Antibióticos. Machucou o dedo? Antibióticos. Em algum momento entre minha infância e quando eu já tinha filhos, os médicos perceberam que, se tomarmos antibióticos demais, nosso corpo não aprende a combater os germes por conta própria. Nosso sistema imunológico precisava ser testado, precisava ficar doente e aprender quais ferramentas eram necessárias para se recuperar sozinho.

Entendeu aonde quero chegar, certo?

As fases difíceis que enfrentamos servem para aprendermos a desenvolver a força para lidar com qualquer situação. Sabe as pessoas mais fortes que você conhece? Elas provavelmente andaram por estradas bastante acidentadas e desenvolveram as habilidades necessárias para serem gigantes emocionais. Quando enfrentam dificuldades, seus corpos experientes dependem dos anticorpos do bem que criaram para lidar com aquele tipo de situação. Elas não se medicam, porque são fortes o suficiente para se curar, e sabem que a medicação provavelmente as deixará mais fracas.

Eu tive que ensinar a mim mesma maneiras melhores de lidar com o estresse e com os tempos difíceis. Tive que ensinar a mim mesma hábitos mais saudáveis. Beber será sempre a saída mais fácil, pois requer menos esforço, mas, em compensação, exige mais de você. Correr, jantar com as amigas, rezar, ir à terapia ou chorar são os melhores métodos que conheço para desenvolver a força necessária para seguir em frente. São hábitos que me fortalecem para que eu consiga lidar com as coisas difíceis, o que significa que não busco o caminho mais fácil.

Durante muito tempo pensei que *necessitava* de uma bebida. Talvez você não tenha ideia de qual é a sensação. Para você, talvez a "bebida" seja remédios, comida ou pornografia. Ou talvez você esteja lendo isso e pensando que nunca faria algo tão terrível. Gostaria de pedir, então, que olhasse sua vida. Conheço muitas mulheres que assistem à TV horas sem parar ou leem romances de maneira obsessiva porque nesses espaços elas se isolam do mundo e podem se esconder das partes difíceis da vida, bloqueando-as com distrações. Comida, água, abrigo, relacionamentos saudáveis... é disso que você precisa. Qualquer outra coisa que você insira nessa categoria vira uma muleta perigosa – e você não precisa de muleta se estiver forte o suficiente para andar sozinha.

Se você não se sente forte, se ao ler estas linhas se sente frágil espiritualmente, quero que pergunte a si mesma se está procurando encontrar forças ou se quer apenas uma solução rápida. Força nunca é fácil de obter.

É como desenvolver músculos na academia. Primeiro você tem que separar as partes mais fracas de si mesma antes de poder reuni-las novamente. O processo muitas vezes é doloroso e demorado, em geral mais demorado do que as pessoas imaginam. Assim como no caso do sistema imunológico, você vai se fortalecer em uma área e então surgirá algo difícil, que você nunca enfrentou antes. Você vai ter que aprender e se desenvolver em uma nova área, o que pode ser desanimador, caso já tenha passado por fases difíceis antes. Mas é enfrentando esses tempos que você se fortalece; é como se torna a pessoa que estava destinada a ser.

COISAS QUE ME AJUDARAM...

1. ***Aprender sobre hábitos.*** Li um livro incrível no ano passado chamado *O poder do hábito*, de Charles Duhigg. Acontece que muitos dos nossos comportamentos negativos, como beber, fumar, etc., são hábitos enraizados há muito tempo e desencadeados por um sinal específico. No meu caso, o estresse desencadeava o mau hábito de beber. Ao identificar o sinal, eu poderia substituí-lo por um mecanismo de enfrentamento que lidasse melhor com a questão, o que para mim seria mais tempo com as amigas ou uma corrida de longa distância.

2. ***Reconhecer minha realidade.*** A autoconsciência é uma das habilidades mais importantes de se adquirir. Durante meses eu ignorei os efeitos colaterais negativos da bebida, até que um dia, finalmente, me obriguei a reconhecer quem eu era e o que estava de fato acontecendo. É muito fácil ignorar esse tipo de fraqueza, sobretudo se ela estiver disfarçada de autocuidado ou

de enfrentamento. Mas você nunca vai superar um problema se nem admite tê-lo.

3. ***Afastar a tentação.*** Se você está insatisfeita com o tanto que está bebendo, elimine o acesso ao álcool. Se você come biscoitos sem parar quando fica estressada, não tenha biscoitos em casa. Claro que enfrentar a situação de verdade exige ir mais fundo do que simplesmente cortar o acesso, mas é muito mais fácil cair em tentação se ela estiver disponível bem na sua frente.

CAPÍTULO 19

A mentira:

EXISTE APENAS UMA MANEIRA CORRETA DE SER

Cresci no sul da Califórnia, mas podia muito bem ter nascido e crescido no oeste texano por conta dos caminhões, sotaques e música country que se estendiam ao longo dos campos empoeirados. Bakersfield é o nome da cidade de que você talvez já tenha ouvido falar, mas ainda assim eu duvido. Na verdade, saí do hospital direto para uma cidadezinha na periferia da periferia chamada Weedpatch, onde fiquei até a adolescência.

Weedpatch e as comunidades vizinhas foram fundadas por trabalhadores rurais que saíram de Oklahoma para a Califórnia durante o Dust Bowl. Você já leu *As vinhas da ira*, ou assistiu ao filme inspirado na história?

Bem, esse é o meu povo.

Meu povo veio de Oklahoma, Arkansas e Kansas. As gerações anteriores eram da Irlanda e da Escócia, o que equivale a dizer que viemos de uma linhagem de pessoas fortes e orgulhosas, profundamente integradas à religião e às tradições de sua cultura. Quando se adiciona a isso o fato de que meu pai era um ministro pentecostal, assim como meu avô, seria quase impossível para mim chegar a este mundo sem algumas ideias firmes sobre o que significava o caminho *certo*.

Os idosos de nossa comunidade não acusavam os outros de estarem errados, mas nossa comunidade só incluía pessoas que agiam e pensavam como nós. Éramos brancos, de baixa renda, conservadores, extremamente religiosos, com pouca experiência fora de nossa cidade.

Eu não sabia que ser diferente era errado porque eu não sabia que o diferente existia.

Quando eu estava no ensino fundamental, fui à Disneylândia para tocar clarinete com a banda sinfônica. Foi a primeira vez que deixei a cidade desacompanhada de familiares, e a oportunidade me deu a sensação de fazer parte do mundo. Dizem que os Estados Unidos são um caldeirão cultural, mas, para mim, a Disneylândia foi uma saladeira. Ninguém se misturava, todos se destacavam em sua gloriosa diversidade. Vi todo tipo de pessoa. Vi famílias multirraciais. Havia grupos de amigos esperando na fila do carrossel de xícaras, nenhum da mesma raça. Dois homens estavam de mãos dadas e meus olhos quase saltaram para fora das óritas. Mesmo entre as pessoas que se pareciam comigo, os estilos individuais iam além do que eu podia imaginar: gótico, mauricinho, cabelo roxo, piercings, tatuagens – tinha de tudo! Foi a primeira vez que tive contato com pessoas diferentes de mim, e eu mal sabia o que fazer com aquilo além de observá-las como se fossem animais em um jardim zoológico.

Suponho que existam muitas jovens com a vida mais fechada e protegida do que a minha era, mas é chocante para mim escrever agora estas coisas considerando a diversidade da minha própria vida como adulta.

Tenho pensado muito sobre o que cresci acreditando e no que acredito agora. Isso está no meu coração porque estamos passando por uma fase em que rotulamos as pessoas o tempo todo. Por mais que eu odeie admitir, entendo esse hábito – eu um dia já fiz isso tamém. Um pátio de escola segregado por tudo, de raça e religião ao preço do jeans que cada um usava, fazia todo sentido para mim, porque essa era a minha realidade. Mas não se pode alegar ignorância infantil para sempre. Em algum momento você cresce o suficiente para entender que muitas pessoas neste planeta são diferentes de você; e o que você faz com essa informação define muito de sua história.

Construí um negócio baseado na ideia de um coletivo de mulheres, uma tapeçaria digital de pessoas do mundo inteiro. O que aprendi ao longo dos anos é que, independentemente de nossos olhares serem diferentes, somos bem mais parecidas do que diferentes. As mães que me seguem em Dubai têm as mesmas preocupações que as mães em Manila, Dublin ou na Cidade do México. Creio que o Senhor tenha me dado esta plataforma para que eu seja uma boa pastora para esse rebanho diverso e belo. Também acredito que não há como amá-las se exigir que primeiro elas sejam como eu, para que possam receber meu amor.

Sou cristã, mas amo e aceito você, e quero ser sua amiga mesmo que você seja cristã, muçulmana, judia, budista ou jedi, ou se amar o sexo oposto, o mesmo sexo ou Rick Springfield por volta de 1983. Não só isso: acho que a capacidade de buscar se entrosar com pessoas diferentes de mim me torna uma pessoa melhor e mais forte. Tentar se entrosar com pessoas que não se pareçam com você, ou que não votem nem acreditem nas mesmas coisas que você, embora às vezes seja desconfortável, é necessário para amadurecer e se tornar uma pessoa mais compreensiva.

Nas manhãs de sábado, vou para a aula de hip-hop. E só para que fique claro: não me refiro à aula de aeróbica na academia ou de zumba, mas uma aula de dança de verdade, que, juro por Deus, "conta até oito tão rápido quanto eu jamais consegui me mexer na vida".

Sou péssima.

Dou impulso com o corpo quando devia desviar; chuto quando devia retroceder. Imagine sua tia tentando dançar depois de algumas taças. Sou *esse* nível de tragédia. É muito difícil aprender uma dança como essa quando você não tem experiência e está cercada de bailarinas profissionais jovens e atraentes que parecem dominar os passos e você não. Mais de uma vez me perguntei o que, afinal de contas, estaria fazendo lá.

Vou contar por que estou na aula de hip-hop: além de um amor profundo e duradouro pela música dos anos 1990, eu realmente gostaria de dançar melhor. Na verdade, prefiro passar pelo difícil e confuso processo de descobrir, fazer perguntas e buscar orientação a me contentar com a zona de conforto onde a vida não é difícil, mas eu não cresço. Maya Angelou disse: "Quando você sabe o que é certo, faz melhor." Quero saber mais para poder fazer melhor.

Lido com meu desejo de me entrosar com a comunidade da mesma forma que lido com essa aula de dança.

Prefiro passar por boba com os profissionais mais experientes porque estou disposta a ficar ao lado deles e me mostrar como amadora. Prefiro olhar para trás daqui a um ou dez anos e ver minha incerteza enquanto me esforço para escrever este livro a ter escrito apenas sobre temas fáceis porque eram seguros. A incerteza é a prova de que eu estava tentando crescer.

Temos que nos perguntar se há áreas onde ficamos em segurança dentro das linhas que demarcamos ou que foram demarcadas para nós por nossa família de origem. Como podemos saber qual é a comunidade *certa* para buscarmos se nunca fizemos parte de outra? Você vai me tratar de forma diferente por causa de uma das minhas crenças? Vai decidir que não podemos ser amigas se tivermos opiniões diferentes? Pergunte-se o seguinte: é possível que as conversas que tivemos, as questões sobre as quais discutimos e as posturas que precisaremos adotar para estabelecer um relacionamento significativo nos ajudem a nos tornarmos pessoas melhores?

Uma de minhas melhores amigas é gay, afro-americana e mexicana-americana. Três narrativas incrivelmente fortes moldaram a mulher que ela é. Há muita força, história, beleza, confiança, dor, empatia, raiva, verdade e coragem em sua história. E se eu nunca tivesse ouvido as histórias dela? Eu, a garota que há alguns anos olhou para um casal na Disneylândia como se eles estivessem em uma jaula em um zoológico. Eu, que usei muitas vezes a expressão "que gay!" como algo pejorativo. Eu, que vivia numa bolha onde nunca interagia com as meninas que não eram brancas. E se eu tivesse ficado nessa bolha? E se não tivesse procurado intencionalmente uma igreja multicultural para que nossos filhos não fossem criados com a mesma visão de mundo homogeneizado que nós fomos?

E se eu não tivesse chamado minha amiga para um happy hour pela primeira vez? E se ela não tivesse sido inacreditavelmente amável comigo quando eu disse ou perguntei coisas que agora vejo que são ofensivas? E se não tivéssemos o tipo de relacionamento em que ela podia me explicar por que aquela expressão era ofensiva? E se eu não estivesse disposta a encarar o desconforto de desfazer uma vida inteira de preconceitos inconscientes? O que isso significaria para o meu trabalho e para os meus filhos, e o que eles crescem acreditando ser a verdade? Além do que aprendi, o que eu recebi? E as incontáveis horas que passamos rindo até a bochecha doer? E os 9 milhões de memes em que marcamos uma à outra? E o ombro para chorar, quando enfrentamos o processo de adoção? E as férias, idas ao cinema e aquela vez que fomos ao show da Britney Spears? Tudo isso se perderia. Tanto amor, sabedoria e amizade ainda estariam do outro lado daquela linha.

Há alguns anos, um dos amigos de Dave estava na cidade com a família e marcamos de jantarem conosco. Era a primeira vez que eu encontraria esse amigo com a esposa, e a primeira vez que nossos filhos encontrariam o filho deles. O garoto é, sem dúvida, a pessoa mais legal que conheço. Não nos vemos muito porque ele mora em outro estado, mas, cada vez que conseguimos, fico encantada em ver como ele é divertido, inteligente e forte. Nessa primeira vez, eu não sabia muito sobre ele. Apenas que era portador de necessidades especiais. Eu não sabia se usava cadeira de rodas ou andador e fiquei preocupada em como deixá-lo confortável em nossa casa. Pensei em preparar os meninos, pois tinha medo que fizessem perguntas inadequadas ou falassem algo ofensivo de maneira não intencional aos nossos novos amigos. Devia falar com eles sobre o que o garoto tinha de diferente e explicar que nada disso importava? Será que eu devia me certificar de que eles compreendiam que amigos são amigos independentemente da aparência ou do modo de locomoção? Será que eu deveria explicar tudo que soubesse sobre as habilidades dele para que não perguntassem nada?

Entre tantas perguntas e incertezas, pensava se devia explicar sua condição aos meninos, quando percebi uma coisa. Eu estava prestes a ensinar meus filhos a criar rótulos. Estava prestes a destacar as coisas que faziam nosso novo amigo diferente e, portanto, parte de *outro* grupo. Afinal, na minha infância, o invisível, a divisão forçada entre "nós" e "eles" (intencional ou não) fazia com que os outros parecessem errados. Então, nesse dia, decidi não dizer nada exceto que um amigo viria para brincar. Quando o amigo entrou em cena, acharam o andador a coisa mais legal do mundo. Imploraram para deixá-los experimentar.

Eles correram e desceram o corredor testando todos os recursos. Eles nunca haviam brincado com alguém que tivesse habilidades diferentes, mas naquele dia não lhes ocorreu que fosse algo especial. Vi isso se repetir depois, quando conhecemos amigos com síndrome de Down, autismo ou paralisia cerebral. O círculo de amigos dos meus filhos é composto de todas as cores, religiões e habilidades, de todo tipo de família. O diferente não é especial para eles, é normal. Não existem rótulos.

Não existe um único caminho certo para ser mulher. Não há uma única maneira certa de ser filha, amiga, chefe, esposa, mãe ou qualquer outra classificação. Existem muitas versões diferentes de cada estilo neste planeta, e a beleza vive na diversidade.

O reino de Deus está na diversidade.

No fim de cada aula de hip-hop, a turma se divide em grupos menores para que possamos ver os outros dançarem. Cada um tem a própria caminhada de vida, e estamos todos suados, mas sentados lado a lado para aplaudir os outros. Imagine o seguinte: um grupo grande de pessoas empenhadas em trabalhar juntas, unindo-se para torcer por uma comunidade. Você consegue ver a beleza disso, certo? E essa não é sequer a melhor parte. O melhor é a interpretação que cada um faz do ritmo. Todo mundo aprende exatamente os mesmos movimentos (bem, *eles* aprendem, mas não tem como prever o que eu vou reproduzir), mas a dança de cada um parece diferente de todas as outras. A menina que cresceu fazendo balé tem movimentos mais fluidos e graciosos. O cara que sabe dançar break tem um estilo próprio. Todos treinamos a mesma coisa, mas reproduzimos os passos de diferentes maneiras.

Os diferentes estilos são bonitos de se ver.

E se não acharmos que sabemos as respostas? E se sempre fizermos perguntas? E se não nos contentarmos com o mundo em que nos sentimos confortáveis, mas nos esforçarmos para buscar mais? Isso significaria que encontraríamos um relacionamento verdadeiro com outras mulheres em um nível emocional profundo em vez de uma percepção superficial.

Não precisamos mudar todo nosso sistema de crenças para tornar isso realidade. Podemos simplesmente ajustar nossa atitude para ter em mente uma comunidade mais ampla e inclusiva.

Se ajustarmos nossa atitude, nossa maneira de falar vai mudar.

Se ajustarmos nossa atitude, nossa maneira de escutar vai mudar.

Se ajustarmos nossa atitude, veremos a pessoa, não a categoria na qual ela se encaixa.

Isso vale para raça, religião, filiação política, orientação sexual, situação socioeconômica e qualquer outra categoria. Viver ao lado de pessoas que não veem as coisas, pensam ou votam como nós é a principal questão – é o nosso apelo! Amor ao próximo não era uma sugestão, era uma ordem. Como você vai amar ao próximo, se não o conhece? Não me refiro a dizer olá na mercearia, mas a sair realmente da zona de conforto e *conviver* com diferentes tipos de pessoas... mesmo que nos perguntemos se elas estão entendendo tudo errado. Caramba, especialmente se acharmos que elas estão entendendo tudo errado. Precisamos fazer parte de uma comunidade mais ampla não porque estamos tentando ampliar o entendimento sobre um assunto, mas porque esperamos suavizar as arestas de nosso coração.

Qual é a sua história? Ela é composta pelas mesmas cores e linhas? Todos os personagens em seu livro se parecem e agem da mesma maneira? Imagine o que aconteceria se você adicionasse tons diferentes, narrativas diferentes, diálogos diferentes. Imagine que lindo seria e o que isso significaria para sua visão de mundo ou para *a visão de mundo de seus filhos*. O que significaria desafiar sua opinião de vez em quando? O que significaria para sua forma de compreender as coisas se você tivesse que fazer mais perguntas? Como o comportamento das outras pessoas seria afetado se elas percebessem seu coração aberto e imparcial dando as boas-vindas aos novos amigos? O que poderíamos realizar em nossa comunidade se reuníssemos toda a energia que em geral gastamos desenhando linhas e a utilizássemos para trazer nossos vizinhos para mais perto?

Todos os dias você escolhe o aspecto que seu mundo vai ter. Independentemente de como foi criada ou do que aprendeu a acreditar, você decide para onde sua história segue. Veja as fotos em seu livro... Elas são todas de uma única cor?

Todos os anos você encerra um novo capítulo em sua história. Por favor, por favor, *por favor* não escreva a mesma história 75 vezes e a chame de vida.

COISAS QUE ME AJUDARAM...

1. ***Mudar de igreja.*** Um dia Dave e eu percebemos que frequentávamos uma igreja rica em Bel Air e que 99,9% de nossa comunidade religiosa era branca. Não é assim que o corpo de Cristo se parece. O corpo de Cristo é de todas as cores, estilos e origens. Ao procurar uma igreja que fosse intencionalmente multiétnica, multicultural e intergeracional, conseguimos encontrar a verdadeira comunidade.

2. ***Reconhecer a minha posição.*** Não é fácil admitir que você fez coisas, disse coisas ou acreditava em coisas que eram ofensivas, principalmente quando não tinha consciência disso. Mas, se você não admite o problema, como pode mudar? Olhe ao seu redor: quanta diversidade você vê? Você está cercada por pessoas que são *exatamente* como você? Em caso afirmativo, comece a procurar novos amigos e experiências.

3. ***Fazer perguntas com humildade.*** Minha querida amiga Brittany tem sido uma professora incrível porque ela me permite fazer perguntas sobre raça, privilégios dos brancos e preconceitos inconscientes que poderiam, em minha ignorância, ser ofensivos. Uma vez ela me disse: "Rachel, eu nunca ficarei ofendida se você fizer uma pergunta. Só fico ofendida quando alguém que não é da minha raça simplesmente pressupõe que sabe a resposta." Por isso, faço perguntas... e as faço com humildade.

CAPÍTULO 20

A mentira:

PRECISO DE UM HERÓI

Pelo menos um dos meus capítulos deve ter o mesmo título de uma canção clássica dos anos 1980, certo? Vá lá, não finja que não lembra daquela cena em *Footloose – Ritmo louco*, em que eles se enfrentam em colheitadeiras. É épica. Nada tem nada a ver com o próximo assunto, mas gosto de lembrar a brilhante filmografia de Kevin Bacon sempre que dá.

E por falar em bacon...

Fui uma criança gordinha.

Não que uma coisa esteja necessariamente ligada à outra (talvez esteja), mas eu também não era o que alguém chamaria de "atlética". Eu era presidente do clube de teatro, uma pré-adolescente que continuou sendo escoteira mesmo depois que o escotismo saiu de moda, e tinha um cartão de sócia da FAA, a sigla de Futuros Agricultores da América, para quem não cresceu no reino de Deus.

Experimentei alguns esportes. Em um ano estranho do ensino médio, consegui não sei como, entrar na equipe de tênis... mas minha única memória de verdade dessa fase são as fotos que tiramos jogando, nas quais aparece um buraco enorme na minha meia, que só percebi quando vi as fotos. Impossível seduzir os rapazes com fotos minhas vestindo a saia xadrez que foi da minha irmã.

Sempre fui uma atleta medíocre em qualquer tipo de esporte e, honestamente, não me importo. Todos temos habilidades e as minhas estão longe, muito longe do campo atlético.

Então, anos atrás, quando eu estava grávida de nosso terceiro filho, Dave treinou e correu uma meia maratona. Sei o que você está pensando, porque eu também pensei nisso. Que tipo de monstro decide entrar em forma pela primeira vez na vida logo quando a mulher está do tamanho de uma casa?

Dave Hollis é a resposta!

Ele parecia tão bem e tinha tanta energia que quase morri de tanto ciúme! Apesar de as corridas de longa distância não serem algo a que eu aspirava, o fato de não poder correr por causa da minha barriga me irritou.

No ano seguinte, quando ele começou a se preparar para correr a mesma prova, fui junto. A piada é que, se você tivesse me perguntado em algum outro momento da vida, eu responderia com alegria que *odiava* correr. Mas, apesar de não ser atleta, sou competitiva. Eu queria provar a mim mesma que era capaz de correr 21 quilômetros sem morrer no final, exatamente como ele. Queria provar para os nossos filhos que papais *e* mamães podem ser fortes e poderosos. Em parte eu também queria ver se me faltava realmente capacidade atlética ou se talvez fosse apenas uma coisa em que sempre acreditei sobre mim mesma.

Portanto, comecei a treinar para uma meia maratona – o que,

se você estiver curiosa, é como correr na areia com uma mochila cheia de pudim nas costas.

Tudo é difícil. Tudo parece estranho. Cada quilômetro faz você querer vomitar. Mas não desisti e, aos poucos, bem aos poucos, fui me fortalecendo e melhorando.

Acabei me tornando uma boa corredora de longa distância. Tenho pernas curtas, então Dave (ou qualquer outra pessoa) pode me ultrapassar facilmente. Mas a questão é a seguinte: pouquíssimas pessoas (e digo isso de forma confiante) podem *fazer a mente dominar o corpo* tão bem quanto eu. Sobrevivi a 51 horas de trabalho de parto. Criei uma empresa do zero me virando sozinha e com o dinheiro do meu trabalho. Construí minha vida não desistindo dos objetivos que estabeleci. Então, se eu disser que vou correr 21 quilômetros é porque vou correr 21 quilômetros!

Isso significa que, no décimo quilômetro, quando Dave tem vontade de parar e começa a andar, eu passo voando por ele, como a tartaruga disputando com a lebre.

A primeira meia maratona que corri foi na Disney. Como observação: *por favor, por favor, por favor,* façam uma gentileza a si mesmas e tornem a corrida da Disney um objetivo de vida! Eles têm provas de 5 e 10 quilômetros e meias maratonas, e não acho que eu tenha experimentado algo tão estimulante e divertido em toda a minha vida. É importante enfatizar o fator diversão porque iniciei a corrida naquela manhã com tanto medo do nível de dificuldade que encontraria que pensei que fosse vomitar. Mas em uma corrida na Disney há mágica demais para se vomitar!

As corridas acontecem dentro e no entorno dos parques, então você passa por montanhas-russas, princesas e boias flutuantes. Alguns corredores se vestem como personagens da Disney e param para fotografias ao longo do caminho... É muito *divertido.*

Além disso, tendo corrido muitas outras meias maratonas desde então, garanto que o estímulo para essas corridas é incomparável.

Há algo incrivelmente comovente quando milhares e milhares de pessoas se juntam para correr em direção a um objetivo comum. Havia pessoas em cadeiras de rodas e algumas muito obesas. Havia idosos e bebês em carrinhos. Havia *grávidas*. Lindas grávidas que correram mais de 16 quilômetros exibindo o barrigão. Fiquei maravilhada! Por todo lado, havia pessoas se desafiando a melhorar – uma beleza de se contemplar. Éramos uma massa gigantesca e suada de esperança, composta por pessoas de todas as classes sociais que tiveram esse sonho e se encontraram na estrada.

Com tanta gente, demora um pouco para conseguir chegar perto da largada, mas quando minha fila foi chamada "Um sonho é um desejo", de Cinderela, começou a tocar nos alto-falantes. Sei que parece brega, mas eu já estava às lágrimas quando chegou a minha vez de correr. Fiquei pensando: *Este é um desejo do meu coração!* E pela primeira vez não implorei, não tive preguiça nem parei de tentar... Fui em frente!

Correr 21 quilômetros é realmente difícil, mas, algum tempo depois, quando treinei e corri minha primeira maratona, achei que ia morrer.

Exatamente. Morrer.

Houve momentos durante a corrida que eu via uma marcação de quilometragem e tirava uma selfie pulando para mostrar como estava me sentindo ótima. Outras vezes eu tinha que me virar do avesso para colocar um pé na frente do outro. Mas foi durante aquela primeira meia maratona, no quilômetro 17, para ser mais exata, que precisei me esforçar ao máximo. Eu procurava no iPod uma música que me desse energia, porque àquela altura eu já tinha escutado ou pulado as músicas que tinha gravado. Escolhi "I Need a Hero", de Bonnie Tyler... Adoro algumas músicas dos anos 1980, e essa sempre me renova as energias. Dito e feito. Passei a me sentir um pouco melhor e retomei o ritmo assim que comecei a cantar junto com a Bonnie...

"Preciso de um herói...", diz a letra.

Como qualquer criança dos anos 1980 sabe, essa música é sobre procurar um homem, um herói, um "Hércules safo para enfrentar as crescentes adversidades", e lá ia eu cantando no fim do quilômetro 17 quando tive uma das maiores epifanias da minha vida adulta:

Eu não preciso encontrar ninguém. Agora, neste momento, sou o meu próprio herói.

Foi uma realização importante em minha vida. Eu tinha me forçado a fazer uma coisa que nunca acreditei ser capaz e isso acendeu um fogo dentro da minha alma. Ninguém me obrigou a correr tantos quilômetros. Ninguém me acordou pela manhã e me fez pesquisar os tênis mais adequados ou quais sachês de gel energético eram menos nojentos. Ninguém mais ficou queimada de sol, com bolhas nos pés ou economizou para pagar a taxa de inscrição.

Eu fiz tudo isso.

E as coisas que *você* conquistou? As coisas grandes e as pequenas que apimentam sua vida e adicionam sabor, as conquistas que fizeram você ser quem você é – *tudo isso* é *você.*

Ouvi uma vez que cada escritor tem um tema e, basicamente, escreve a mesma mensagem em todos os livros, independentemente da trama ou dos personagens. Isto é verdade no meu caso, mesmo que eu não tivesse consciência na época.

Cada livro que já escrevi é baseado neste tema central da minha vida. É a lição que aprendi repetidas vezes e que, por isso, entra inevitavelmente em minhas histórias – sobretudo neste livro.

É o presente que eu gostaria de dar a cada pessoa que conheço.

É o que eu gostaria que alguém tivesse me ensinado quando criança.

Em vez disso, tive que enfrentar a vida e descobrir tudo por conta própria.

É a maior lição que eu tenho para dar a você.

Só *você* tem o poder de mudar sua vida.

Esta é a verdade. Corri uma maratona inteira com o versículo Filipenses 4:13 escrito na mão, e acredito que meu Criador é a força pela qual eu consigo qualquer coisa. Mas Deus, seu parceiro, sua mãe e seus melhores amigos, nenhum deles pode transformar você em alguma coisa (boa ou ruim) sem a sua ajuda.

Você tem a capacidade de mudar sua vida. Você *sempre* teve esse poder, Dorothy. Basta parar de esperar que alguém faça isso por você. Não há solução fácil, não há nenhum truque. Só você e a força dada por seu Deus e o quanto você deseja mudar.

Eu torço, rezo, desejo, cruzo os dedos das mãos e dos pés para que você olhe ao redor e encontre a oportunidade de ser o seu próprio herói. Toda mulher deve sentir esse tipo de orgulho, mas, se você está procurando mudar, não deveria querer isso para si mesma, deveria *precisar* disso. Você precisa estabelecer um objetivo pessoal e, em seguida, se esforçar ao máximo para chegar lá. Não importa se o objetivo é pagar o cartão de crédito, perder quatro quilos ou participar de um Ironman. Você precisa agir agora enquanto ainda está entusiasmada com o objetivo que estabeleceu para si mesma. Você precisa realizá-lo. Precisa provar a si mesma que pode fazer isso. Precisa provar a si mesma que é capaz de qualquer coisa que decidir fazer.

Você tem o poder.

Você, que é uma mãe exausta de três filhos, está pensando em voltar ao mercado de trabalho, mas teme ter ficado tempo demais fora do circuito. Você, que está 20 quilos acima do peso e consciente de que sua saúde estará em risco se não fizer mudanças drásticas. Você, que está com 20 e poucos anos e quer amar, oferece seu corpo para se sentir conectada, mas em vez disso se sente apenas mais vazia. Você, que quer se relacionar melhor com as pessoas que ama, mas não consegue se livrar da raiva para chegar lá. Você, todas vocês, qualquer uma. Pare de esperar que alguém resolva sua vida! Pare de achar que sua vida algum dia vai melhorar magicamente por conta própria. Pare de presumir que, se tivesse o trabalho certo, o homem certo, a casa certa, o carro certo, seja lá o que mais for certo, sua vida seria o que você sempre sonhou. Seja honesta sobre quem você é e o que precisa fazer para mudar.

Garota, assuma as rédeas de sua vida. Pare de se medicar, de se esconder, de ter medo; pare de abrir mão de partes de si mesma, de dizer que não consegue. Cale essa voz interior negativa, pare de maltratar seu corpo, de deixar tudo para amanhã ou segunda-feira ou o próximo ano. Pare de chorar pelo que aconteceu e assuma o controle do que vai acontecer. Levante-se agora mesmo. Enfrente a situação, seque as lágrimas, esqueça a dor de ontem e comece de novo... Garota, pare de mentir pra você mesma! E acredite que você pode se tornar a pessoa que deseja ser.

AGRADECIMENTOS

Em primeiro lugar, quero agradecer à minha tribo Chic. Há alguns anos comecei a escrever num blog sobre o que tinha comido no jantar, e, mesmo naquela época, quando minhas fotos eram horrorosas e eu não tinha ideia do que estava fazendo, tive o apoio de uma comunidade on-line de mulheres. Quando autopubliquei meu primeiro livro, vocês estavam lá. Quando eu, nervosa (e desajeitada), fui à TV pela primeira vez, vocês estavam lá. Quando experimentei o Instagram, dancei no YouTube ou contei histórias embaraçosas no Rach Talk, vocês estavam lá. Agora estamos aqui com este livro, esta plataforma e essa incrível comunidade de centenas de milhares de mulheres em todo o mundo – tudo porque vocês ainda estão aqui. Obrigada, obrigada, obrigada, amigas, por estarem presentes por mim e para mim, de novo e de novo. Acredito que podemos mudar o mundo juntas... Acredito que já mudamos.

Sou grata ao meu mentor e defensor, que por acaso é também meu agente literário, Kevan Lyon. Kevan, não sei se você tinha alguma ideia de onde estava se metendo quando tivemos aquela primeira conversa pelo telefone, mas sou muito grata por você ter me acompanhado nessa aventura.

Agradeço às incríveis equipes da Thomas Nelson e HarperCollins por assumirem este projeto. Obrigada também pelos biscoitos de cheddar, batata frita, guacamole, vinho, sobremesa e todos os lanches e jantares em grupo ainda por vir.

Passo, em média, seis meses do ano escrevendo e/ou editando um livro, o que significa seis meses de mudanças de humor, esboços, processamento de informação verbal e de histeria induzida por cafeína, enquanto tento cumprir os prazos. Eu não poderia fazer nada disso sem a ajuda da incrível e incomparável equipe da Chic, que mantém o trem andando mesmo quando a condutora está em posição fetal em um canto chorando por causa da edição do livro. Obrigada, obrigada, obrigada a todos da Chic que continuam a me ajudar a realizar esse sonho.

Infinitos agradecimentos à Johana Monroy, que há anos cuida com amor da nossa família. As pessoas me perguntam como dou conta de tudo, e a verdade é que não dou. Nos bastidores, é essa irmã e amiga incrível, carinhosa, que toma conta dos meus meninos quando o trabalho ou as viagens me levam para longe deles. Jojo, eu literalmente não sei como viveríamos sem você.

Agradeço aos meus filhos: Jackson, Sawyer, Ford e Noah. Sou muito grata por Deus ter me permitido ser sua mãe... É a maior honra da minha vida.

Agradeço ao meu marido, Dave Hollis, que concordou que grande parte de nossa história fosse recontada, não só neste livro, mas nos últimos oito anos de vida pública, mesmo quando a narrativa era difícil. Sou abençoada por ser casada com alguém que acredita tão profundamente quanto eu na vulnerabilidade e no poder do "eu também".

Por fim, um importante agradecimento aos meus pais. Sou

verdadeiramente grata pela herança que carrego de vocês dois, que fizeram de mim a mulher que sou hoje. Nossa vida pode não ter sido parecida com a de qualquer outra pessoa; às vezes era alegre, difícil, caótica, mágica, boa e dura, mas eu não a mudaria. Sou quem sou por causa de vocês. Amo os dois.